A-DEER HU

SOLO:

A-deer hu, a-deer hu.
Yiv-neh vey-so b'ko-r

CHORUS:

Bim-hey-roh, bim-hey-roh,
B'yo-mey-nu b'ko-rov.

SOLO:
CHORUS:

Eyl b'ney, Eyl b'ney
B'ney veys-cho b'ko-rov.

2

Bo-chur hu, go-dol hu.
Yiv-neh vey-so b'ko-rov.

3

Do-gul hu, ho-dur hu.
Yiv-neh vey-so b'ko-rov.

4

Vo-sik hu, za-kay hu.
Yiv-neh vey-so b'ko-rov.

5

Cho-sid hu, to-hor hu.
Yiv-neh vey-so b'ko-rov.

6

Yo-chid hu, ka-bir hu.
Yiv-neh vey-so b'ko-rov.

E-CHOD MEE YO-DEY-A?

E-chod mee yo-dey-a?
E-chod anee yo-dey-a.
E-chod Elohey-nu
She-ba-sho-ma-yeem u-vo-o-rets.

Sh'nayeem mee yo-dey-a?
Sh'nayeem anee yo-dey-a.
Sh'ney lu-chos ha-b'ris,
E-chod Elo-hey-nu
She-ba-sho-ma-yeem u-vo-o-rets.

Sh'lo-sho mee yo-dey-a?
Sh'lo-sho anee yo-dey-a.
Sh'lo-sho o-vos
Sh'ney lu-chos ha-b'ris,
E-chod Elo-hey-nu
She-ba-sho-ma-yeem u-vo-o-rets.

Ar-ba mee yo-dey-a?
Ar-ba anee yo-dey-a.
Ar-ba ee-mo-hos,
Sh'lo-sho o-vos,
Sh'ney lu-chos ha-b'ris,
E-chod Elo-hey-nu
She-ba-sho-ma-yeem u-vo-o-rets.

V'o-so shun-ro v'o-chal
l'gad-yo.
Di-ze-van . . .

V'o-so kal-bo v'no-shach
l'shun-ro
D'o-chal l'gad-yo.
Di-ze-van . . .

V'o-so chut-ro v'hi-koh
l'chal-bo
D'no-shach l'shun-ro.
D'o-chal l'gad-yo.
Di-ze-van . . .

V'o-so nu-ro v'so-raf
l'chut-ro
D'hi-koh l'chal-bo, d'no-shach
l'shun-ro,
D'o-chal l'gad-yo.
Di-ze-van . . .

V'o-sa ma-yo v'cho-voh
l'nu-ro
D'so-raf l'chut-ro, d'hi-koh
l'chal-bo,
D'no-shach l'shun-ro,
D'o-chal l'gad-yo.
Di-ze-van . . .

EY-LEE-YO-HU HA-NO-VEE

Ey-lee-yo-hu ha-no-vee,
Ey-lee-yo-hu ha-tish-bee,
Ey-lee-yo-hu, Ey-lee-yo-hu,
Ey-lee-yo-hu, ha-gil-o-dee.

Bim-hey-roh, v'yo-mey-nu
Yo-vo ey-ley-nu;
Im Mo-shee-ach ben Dovid.
Im Mo-shee-ach ben Dovid.

HATIKVAH

Kol-od ba-le-vav p'ni-ma
Nefesh Y'hu-di ho-mi-ya.
Ul'fa-atey miz-rach ka-dima
Ayin l'-Tzi-yon tzo-fi-ya.

Od lo av-da tik-va-tey-nu
Ha-tik-va sh'not al-pa-yim
Li-yot am chaf-shi b'-artzenu
B'eretz Tzi-yon viru-shalayim.

Then came fire and burned the stick
  That beat the dog that bit the cat
That ate the goat
  That Father bought for two zuzim.
One little goat, one little goat.
Then came water and quenched the fire
  That burned the stick that beat the dog
That bit the cat that ate the goat
  That Father bought for two zuzim.
One little goat, one little goat.
Then came an ox and drank the water
  That quenched the fire that burned the stick
That beat the dog that bit the cat
  That ate the goat
That Father bought for two zuzim.
  One little goat, one little goat.
Then came the *Shohet* and slaughtered the ox
  That drank the water that quenched the fire
That burned the stick that beat the dog
  That bit the cat that ate the goat
That Father bought for two zuzim.
  One little goat, one little goat.
Then came the angel of death and killed the *Shohet*
  That slaughtered the ox that drank the water
That quenched the fire that burned the stick
  That beat the dog that bit the cat
That ate the goat
  That Father bought for two zuzim.
One little goat, one little goat.
Then came the Holy One, blessed be He,
  And slew the angel of death,
That killed the *Shohet* that slaughtered the ox
  That drank the water that quenched the fire
That burned the stick that beat the dog
  That bit the cat that ate the goat
That Father bought for two zuzim.
  One little goat, one little goat.

וַאֲתָא נוּרָא, וְשָׂרַף לְחוּטְרָא, דְּהִכָּה לְכַלְבָּא, דְּנָשַׁךְ לְשׁוּנְרָא, דְּאָכְלָה לְגַדְיָא, דִּזְבַן אַבָּא בִּתְרֵי זוּזֵי, חַד גַּדְיָא, חַד גַּדְיָא.

וַאֲתָא מַיָּא, וְכָבָה לְנוּרָא, דְּשָׂרַף לְחוּטְרָא, דְּהִכָּה לְכַלְבָּא, דְּנָשַׁךְ לְשׁוּנְרָא, דְּאָכְלָה לְגַדְיָא, דִּזְבַן אַבָּא בִּתְרֵי זוּזֵי, חַד גַּדְיָא, חַד גַּדְיָא.

וַאֲתָא תוֹרָא, וְשָׁתָה לְמַיָּא, דְּכָבָה לְנוּרָא, דְּשָׂרַף לְחוּטְרָא, דְּהִכָּה לְכַלְבָּא, דְּנָשַׁךְ לְשׁוּנְרָא, דְּאָכְלָה לְגַדְיָא, דִּזְבַן אַבָּא בִּתְרֵי זוּזֵי, חַד גַּדְיָא, חַד גַּדְיָא.

וַאֲתָא הַשּׁוֹחֵט, וְשָׁחַט לְתוֹרָא, דְּשָׁתָה לְמַיָּא, דְּכָבָה לְנוּרָא דְּשָׂרַף לְחוּטְרָא, דְּהִכָּה לְכַלְבָּא, דְּנָשַׁךְ לְשׁוּנְרָא, דְּאָכְלָה לְגַדְיָא, דִּזְבַן אַבָּא בִּתְרֵי זוּזֵי, חַד גַּדְיָא, חַד גַּדְיָא.

וַאֲתָא מַלְאַךְ הַמָּוֶת, וְשָׁחַט לְשׁוֹחֵט, דְּשָׁחַט לְתוֹרָא, דְּשָׁתָה לְמַיָּא, דְּכָבָה לְנוּרָא, דְּשָׂרַף לְחוּטְרָא, דְּהִכָּה לְכַלְבָּא, דְּנָשַׁךְ לְשׁוּנְרָא, דְּאָכְלָה לְגַדְיָא, דִּזְבַן אַבָּא בִּתְרֵי זוּזֵי, חַד גַּדְיָא חַד גַּדְיָא.

וַאֲתָא הַקָּדוֹשׁ בָּרוּךְ הוּא, וְשָׁחַט לְמַלְאַךְ הַמָּוֶת, דְּשָׁחַט לְשׁוֹחֵט, דְּשָׁחַט לְתוֹרָא, דְּשָׁתָה לְמַיָּא, דְּכָבָה לְנוּרָא, דְּשָׂרַף לְחוּטְרָא, דְּהִכָּה לְכַלְבָּא, דְּנָשַׁךְ לְשׁוּנְרָא, דְּאָכְלָה לְגַדְיָא, דִּזְבַן אַבָּא בִּתְרֵי זוּזֵי, חַד גַּדְיָא, חַד גַּדְיָא.

Who knows twelve? I know twelve.
Twelve are the Tribes of Israel;
Eleven are the Stars in Joseph's dream;
Ten are the Commandments;
Nine are the Months to childbirth,
Eight are the Days to circumcision;
Seven are the Days of the week;
Six are the Orders of the Mishnah;
Five are the Books of the Torah;
Four are the Mothers; Three are
    the Fathers;
Two are the Tablets of the Covenant;
One is our God, in heaven
    and on earth.

Who knows thirteen? I know thirt
Thirteen are God's attributes;
Twelve are the Tribes of Israel;
Eleven are the Stars in Joseph's drea▸
Ten are the Commandments;
Nine are the Months to childbirth;
Eight are the Days to circumcision;
Seven are the Days of the week;
Six are the Orders of the Mishnah;
Five are the Books of the Torah;
Four are the Mothers; Three are
    the Fathers;
Two are the Tablets of the Covenant▸
One is our God, in heaven and on ea▸

One little goat, one little goat
    That Father bought for two zuzim.
One little goat, one little goat.
Then came a cat and ate the goat
    That Father bought for two zuzim.
One little goat, one little goat.
Then came a dog and bit the cat
    That ate the goat
That Father bought for two zuzim.
    One little goat, one little goat.
Then came a stick and beat the dog
    That bit the cat that ate the goat
That Father bought for two zuzim.
One little goat, one little goat.

שְׁנֵים עָשָׂר מִי יוֹדֵעַ? שְׁנֵים עָשָׂר אֲנִי יוֹדֵעַ: שְׁנֵים עָשָׂר שִׁבְטַיָּא, אַחַד עָשָׂר כּוֹכְבַיָּא, עֲשָׂרָה דִבְּרַיָּא, תִּשְׁעָה יַרְחֵי לֵדָה, שְׁמוֹנָה יְמֵי מִילָה, שִׁבְעָה יְמֵי שַׁבַּתָּא, שִׁשָּׁה סִדְרֵי מִשְׁנָה, חֲמִשָּׁה חוּמְשֵׁי תוֹרָה, אַרְבַּע אִמָּהוֹת, שְׁלֹשָׁה אָבוֹת, שְׁנֵי לֻחוֹת הַבְּרִית, אֶחָד אֱלֹהֵינוּ שֶׁבַּשָּׁמַיִם וּבָאָרֶץ.

שְׁלֹשָׁה עָשָׂר מִי יוֹדֵעַ? שְׁלֹשָׁה עָשָׂר אֲנִי יוֹדֵעַ: שְׁלֹשָׁה עָשָׂר מִדַּיָּא, שְׁנֵים עָשָׂר שִׁבְטַיָּא, אַחַד עָשָׂר כּוֹכְבַיָּא, עֲשָׂרָה דִבְּרַיָּא, תִּשְׁעָה יַרְחֵי לֵדָה, שְׁמוֹנָה יְמֵי מִילָה, שִׁבְעָה יְמֵי שַׁבַּתָּא, שִׁשָּׁה סִדְרֵי מִשְׁנָה, חֲמִשָּׁה חוּמְשֵׁי תוֹרָה, אַרְבַּע אִמָּהוֹת, שְׁלֹשָׁה אָבוֹת, שְׁנֵי לֻחוֹת הַבְּרִית, אֶחָד אֱלֹהֵינוּ שֶׁבַּשָּׁמַיִם וּבָאָרֶץ:

חַד גַּדְיָא, חַד גַּדְיָא, דְּזַבִּן אַבָּא בִּתְרֵי זוּזֵי, חַד גַּדְיָא, חַד גַּדְיָא.

וַאֲתָא שׁוּנְרָא, וְאָכְלָה לְגַדְיָא, דְּזַבִּן אַבָּא בִּתְרֵי זוּזֵי, חַד גַּדְיָא, חַד גַּדְיָא.

וַאֲתָא כַלְבָּא, וְנָשַׁךְ לְשׁוּנְרָא, דְּאָכְלָה לְגַדְיָא, דְּזַבִּן אַבָּא בִּתְרֵי זוּזֵי, חַד גַּדְיָא, חַד גַּדְיָא.

וַאֲתָא חוּטְרָא, וְהִכָּה לְכַלְבָּא, דְּנָשַׁךְ לְשׁוּנְרָא, דְּאָכְלָה לְגַדְיָא, דְּזַבִּן אַבָּא בִּתְרֵי זוּזֵי, חַד גַּדְיָא, חַד גַּדְיָא.

Who knows seven? I know seven.
Seven are the Days of the week;
Six are the Orders of the Mishnah;
Five are the Books of the Torah;
Four are the Mothers; Three are the Fathers;
Two are the Tablets of the Covenant;
One is our God, in heaven and on earth.

Who knows eight? I know eight.
Eight are the Days to circumcision;
Seven are the Days of the week;
Six are the Orders of the Mishnah;
Five are the Books of the Torah;
Four are the Mothers; Three are the Fathers;
Two are the Tablets of the Covenant;
One is our God, in heaven and on earth.

Who knows nine? I know nine.
Nine are the Months to childbirth;
Eight are the Days to circumcision;
Seven are the Days of the week;
Six are the Orders of the Mishnah;
Five are the Books of the Torah;
Four are the Mothers; Three are the Fathers;
Two are the Tablets of the Covenant;
One is our God, in heaven and on earth.

Who knows ten? I know ten.
Ten are the Commandments;
Nine are the Months to childbirth;
Eight are the Days to circumcision;
Seven are the Days of the week;
Six are the Orders of the Mishnah;
Five are the Books of the Torah;
Four are the Mothers; Three are the Fathers;
Two are the Tablets of the Covenant;
One is our God, in heaven and on earth.

Who knows eleven? I know eleven.
Eleven are the Stars in Joseph's dream; Ten are the Commandments; Nine ar the Months to childbirth; Eight are the days to circumcision; Seven are th Days of the week; Six are the Orders of the Mishnah; Five are the Books of th Torah; Four are the Mothers; Three are the Fathers; Two are the Tablets of th Covenant; One is our God, in heaven and on earth.

שִׁבְעָה מִי יוֹדֵעַ? שִׁבְעָה אֲנִי יוֹדֵעַ: שִׁבְעָה יְמֵי שַׁבַּתָּא, שִׁשָּׁה סִדְרֵי מִשְׁנָה, חֲמִשָּׁה חוּמְשֵׁי תוֹרָה, אַרְבַּע אִמָּהוֹת, שְׁלֹשָׁה אָבוֹת, שְׁנֵי לֻחוֹת הַבְּרִית, אֶחָד אֱלֹהֵינוּ שֶׁבַּשָּׁמַיִם וּבָאָרֶץ.

שְׁמוֹנָה מִי יוֹדֵעַ? שְׁמוֹנָה אֲנִי יוֹדֵעַ: שְׁמוֹנָה יְמֵי מִילָה, שִׁבְעָה יְמֵי שַׁבַּתָּא, שִׁשָּׁה סִדְרֵי מִשְׁנָה, חֲמִשָּׁה חוּמְשֵׁי תוֹרָה, אַרְבַּע אִמָּהוֹת, שְׁלֹשָׁה אָבוֹת, שְׁנֵי לֻחוֹת הַבְּרִית, אֶחָד אֱלֹהֵינוּ שֶׁבַּשָּׁמַיִם וּבָאָרֶץ.

תִּשְׁעָה מִי יוֹדֵעַ? תִּשְׁעָה אֲנִי יוֹדֵעַ: תִּשְׁעָה יַרְחֵי לֵדָה, שְׁמוֹנָה יְמֵי מִילָה, שִׁבְעָה יְמֵי שַׁבַּתָּא, שִׁשָּׁה סִדְרֵי מִשְׁנָה, חֲמִשָּׁה חוּמְשֵׁי תוֹרָה, אַרְבַּע אִמָּהוֹת, שְׁלֹשָׁה אָבוֹת, שְׁנֵי לֻחוֹת הַבְּרִית, אֶחָד אֱלֹהֵינוּ שֶׁבַּשָּׁמַיִם וּבָאָרֶץ.

עֲשָׂרָה מִי יוֹדֵעַ? עֲשָׂרָה אֲנִי יוֹדֵעַ: עֲשָׂרָה דִבְּרַיָּא, תִּשְׁעָה יַרְחֵי לֵדָה, שְׁמוֹנָה יְמֵי מִילָה, שִׁבְעָה יְמֵי שַׁבַּתָּא, שִׁשָּׁה סִדְרֵי מִשְׁנָה, חֲמִשָּׁה חוּמְשֵׁי תוֹרָה, אַרְבַּע אִמָּהוֹת, שְׁלֹשָׁה אָבוֹת, שְׁנֵי לֻחוֹת הַבְּרִית, אֶחָד אֱלֹהֵינוּ שֶׁבַּשָּׁמַיִם וּבָאָרֶץ.

אַחַד עָשָׂר מִי יוֹדֵעַ? אַחַד עָשָׂר אֲנִי יוֹדֵעַ: אַחַד עָשָׂר כּוֹכְבַיָּא, עֲשָׂרָה דִבְּרַיָּא, תִּשְׁעָה יַרְחֵי לֵדָה, שְׁמוֹנָה יְמֵי מִילָה, שִׁבְעָה יְמֵי שַׁבַּתָּא, שִׁשָּׁה סִדְרֵי מִשְׁנָה, חֲמִשָּׁה חוּמְשֵׁי תוֹרָה, אַרְבַּע אִמָּהוֹת, שְׁלֹשָׁה אָבוֹת, שְׁנֵי לֻחוֹת הַבְּרִית, אֶחָד אֱלֹהֵינוּ שֶׁבַּשָּׁמַיִם וּבָאָרֶץ.

WHO KNOWS ONE?

Who know one? I know one.
One is our God, in heaven and on earth.

Who knows two? I know two.
Two are the Tablets of the Covenant;
One is our God, in heaven and on earth.

Who knows three? I know three.
Three are the Fathers;
Two are the Tablets of the Covenant;
One is our God, in heaven and on earth.

Who knows four? I know four.
Four are the Mothers;
Three are the Fathers;
Two are the Tablets of the Covenant;
One is our God, in heaven and on earth.

Who knows five? I know five.
Five are the Books of the Torah;
Four are the Mothers;
Three are the Fathers;
Two are the Tablets of the Covenant;
One is our God, in heaven and on earth.

Who knows six? I know six.
Six are the Orders of the Mishnah;
Five are the Books of the Torah;
Four are the Mothers;
Three are the Fathers;
Two are the Tablets of the Covenant;
One is our God, in heaven and on earth.

1 אֶחָד מִי יוֹדֵעַ? אֶחָד אֲנִי יוֹדֵעַ: אֶחָד אֱלֹהֵינוּ שֶׁבַּשָּׁמַיִם
2 וּבָאָרֶץ.

3 שְׁנַיִם מִי יוֹדֵעַ? שְׁנַיִם אֲנִי יוֹדֵעַ: שְׁנֵי
4 לֻחוֹת הַבְּרִית, אֶחָד אֱלֹהֵינוּ שֶׁבַּשָּׁמַיִם
5 וּבָאָרֶץ.

6 שְׁלֹשָׁה מִי יוֹדֵעַ? שְׁלֹשָׁה אֲנִי יוֹדֵעַ:
7 שְׁלֹשָׁה אָבוֹת, שְׁנֵי לֻחוֹת הַבְּרִית, אֶחָד
8 אֱלֹהֵינוּ שֶׁבַּשָּׁמַיִם וּבָאָרֶץ.

9 אַרְבַּע מִי יוֹדֵעַ? אַרְבַּע אֲנִי יוֹדֵעַ:
10 אַרְבַּע אִמָּהוֹת, שְׁלֹשָׁה אָבוֹת, שְׁנֵי לֻחוֹת
11 הַבְּרִית, אֶחָד אֱלֹהֵינוּ שֶׁבַּשָּׁמַיִם וּבָאָרֶץ.

12 חֲמִשָּׁה מִי יוֹדֵעַ? חֲמִשָּׁה אֲנִי יוֹדֵעַ:
13 חֲמִשָּׁה חוּמְשֵׁי תוֹרָה, אַרְבַּע אִמָּהוֹת, שְׁלֹשָׁה
14 אָבוֹת, שְׁנֵי לֻחוֹת הַבְּרִית, אֶחָד אֱלֹהֵינוּ
15 שֶׁבַּשָּׁמַיִם וּבָאָרֶץ.

16 שִׁשָּׁה מִי יוֹדֵעַ? שִׁשָּׁה אֲנִי יוֹדֵעַ: שִׁשָּׁה
17 סִדְרֵי מִשְׁנָה, חֲמִשָּׁה חוּמְשֵׁי תוֹרָה, אַרְבַּע
18 אִמָּהוֹת, שְׁלֹשָׁה אָבוֹת, שְׁנֵי לֻחוֹת הַבְּרִית,
19 אֶחָד אֱלֹהֵינוּ שֶׁבַּשָּׁמַיִם וּבָאָרֶץ:

ADIR HU

God is Mighty!
  May He soon rebuild His Temple.

Speedily, speedily.
  In our days, soon.

O God, rebuild, O God, rebuild,
  Rebuild Your Temple soon.

God is First, Great and Renowned!
  May He soon rebuild His Temple.

Speedily, speedily
  In our days, soon.

O God, rebuild, O God, rebuild,
  Rebuild Your.Temple soon.

His is Glorious, Faithful, Just and Gracious!
  May He soon rebuild His Temple.

Speedily, speedily,
  In our days, soon.

O God, rebuild, O God, rebuild,
  Rebuild Your Temple soon.

He is Pure, Unique, Omnipotent, Wise, Majestic,
Revered, Exalted, Strong, Redeeming and Righteous!
  May He soon rebuild His Temple.

Speedily, Speedily,
  In our days, soon.

O God, rebuild, O God, rebuild
  Rebuild Your Temple soon.

He is Holy, Merciful, Powerful, Almighty!
  May He soon rebuild His Temple.

Speedily, speedily,
  In our days, soon.

O God, rebuild, O God, rebuild.
  Rebuild Your Temple soon.

1   אַדִּיר הוּא, יִבְנֶה בֵיתוֹ בְּקָרוֹב, בִּמְהֵרָה בִּמְהֵרָה, בְּיָמֵינוּ

2 בְּקָרוֹב. אֵל בְּנֵה, אֵל בְּנֵה, בְּנֵה בֵיתְךָ בְּקָרוֹב.

3   בָּחוּר הוּא, גָּדוֹל הוּא, דָּגוּל הוּא, יִבְנֶה בֵיתוֹ בְּקָרוֹב,

4 בִּמְהֵרָה בִּמְהֵרָה, בְּיָמֵינוּ בְּקָרוֹב. אֵל בְּנֵה, אֵל בְּנֵה, בְּנֵה בֵיתְךָ

5 בְּקָרוֹב.

6   הָדוּר הוּא, וָתִיק הוּא, זַכַּאי הוּא, חָסִיד הוּא, יִבְנֶה בֵיתוֹ

7 בְּקָרוֹב, בִּמְהֵרָה בִּמְהֵרָה, בְּיָמֵינוּ בְּקָרוֹב. אֵל בְּנֵה, אֵל בְּנֵה,

8 בְּנֵה בֵיתְךָ בְּקָרוֹב.

9   טָהוֹר הוּא, יָחִיד הוּא, כַּבִּיר הוּא, לָמוּד הוּא, מֶלֶךְ הוּא,

10 נוֹרָא הוּא, סַגִּיב הוּא, עִזּוּז הוּא, פּוֹדֶה הוּא, צַדִּיק הוּא, יִבְנֶה

11 בֵיתוֹ בְּקָרוֹב, בִּמְהֵרָה בִּמְהֵרָה, בְּיָמֵינוּ בְּקָרוֹב. אֵל בְּנֵה, אֵל

12 בְּנֵה, בְּנֵה בֵיתְךָ בְּקָרוֹב.

13   קָדוֹשׁ הוּא, רַחוּם הוּא, שַׁדַּי הוּא, תַּקִּיף הוּא, יִבְנֶה בֵיתוֹ

14 בְּקָרוֹב. בִּמְהֵרָה בִּמְהֵרָה, בְּיָמֵינוּ בְּקָרוֹב. אֵל בְּנֵה, אֵל בְּנֵה,

15 בְּנֵה בֵיתְךָ בְּקָרוֹב:

Sabbath day.] Grant us joy on this Festival of Passover, for You, O God, are good and beneficent to all; and we therefore give thanks unto You for the land and the fruit of the vine. Blessed are You, O Lord, for the land and the fruit of the vine.

After eating other foods:

Blessed are You, Eternal our God, Ruler of the universe, Creator of all living beings. We thank You for all that You have created to sustain us. Blessed be the Eternal.

CONCLUSION OF THE *SEDER*

The Passover *Seder* is ended,

  According to custom and law.

As we were worthy to celebrate it this year,

  So may we perform it in future years.

O Pure One in heaven above,

  Restore the myriad assemblies of Israel.

Speedily lead Your redeemed people

  To Zion in joy.

NEXT YEAR IN JERUSALEM

בְּיוֹם חַג הַמַּצּוֹת הַזֶּה, כִּי אַתָּה יְיָ טוֹב וּמֵטִיב לַכֹּל: וְנוֹדֶה לְּךָ עַל הָאָרֶץ וְעַל פְּרִי הַגָּפֶן. בָּרוּךְ אַתָּה יְיָ, עַל הָאָרֶץ וְעַל פְּרִי הַגָּפֶן:

After partaking of other foods:

בָּרוּךְ אַתָּה יְיָ, אֱלֹהֵינוּ מֶלֶךְ הָעוֹלָם, בּוֹרֵא נְפָשׁוֹת רַבּוֹת וְחֶסְרוֹנָן, עַל כָּל מַה שֶּׁבָּרָא לְהַחֲיוֹת בָּהֶם נֶפֶשׁ כָּל חָי. בָּרוּךְ חֵי הָעוֹלָמִים:

14. נִרְצָה.

CONCLUSION OF THE *SEDER*

חֲסַל סִדּוּר פֶּסַח כְּהִלְכָתוֹ, כְּכָל מִשְׁפָּטוֹ וְחֻקָּתוֹ. כַּאֲשֶׁר זָכִינוּ לְסַדֵּר אוֹתוֹ, כֵּן נִזְכֶּה לַעֲשׂוֹתוֹ. זָךְ שׁוֹכֵן מְעוֹנָה, קוֹמֵם קְהַל עֲדַת מִי מָנָה. בְּקָרוֹב נַהֵל נִטְעֵי כַנָּה, פְּדוּיִם לְצִיּוֹן בְּרִנָּה.

לְשָׁנָה הַבָּאָה בִּירוּשָׁלָיִם:

Holy in majesty, Merciful indeed!
His myriads sing to Him:
Yours alone, O God, is the world's sovereignty.
TO HIM IT IS FITTING, TO HIM IT IS DUE.

Almighty in majesty, Sustainer indeed!
His upright sing to Him:
Yours alone, O God, is the world's sovereignty.
TO HIM IT IS FITTING, TO HIM IT IS DUE.

THE FOURTH CUP

Blessed are You, Lord our God, Ruler of the universe, Creator of the fruit of the vine.

Drink the fourth cup of wine.

Blessed are You, Lord our God, Ruler of the universe, for the vine and for the fruit of the vine, for the produce of the field and for the precious, good and spacious land which You favored and gave to our ancestors, to eat of its fruit, and to enjoy its goodness. Have compassion, O Lord our God, upon Israel, Your people, upon Jerusalem, Your city, upon Zion, the abode of Your glory, and upon Your altar and Your Temple. Rebuild Jerusalem, the holy city, speedily in our days. Lead us there, and gladden us with its rebuilding; may we eat of its fruit and enjoy its blessings; and we will bless You for this in holiness and purity. [*On the Sabbath add:* Be gracious to us and strengthen us on this

1 קָדוֹשׁ בִּמְלוּכָה, רַחוּם כַּהֲלָכָה, שִׁנְאַנָּיו יֹאמְרוּ לוֹ:

2 לְךָ וּלְךָ, לְךָ כִּי לְךָ, לְךָ אַף לְךָ, לְךָ יְיָ הַמַּמְלָכָה,

3 כִּי לוֹ נָאֶה, כִּי לוֹ יָאֶה.

4 תַּקִּיף בִּמְלוּכָה, תּוֹמֵךְ כַּהֲלָכָה, תְּמִימָיו יֹאמְרוּ לוֹ:

5 לְךָ וּלְךָ, לְךָ כִּי לְךָ, לְךָ אַף לְךָ, לְךָ יְיָ הַמַּמְלָכָה.

6 כִּי לוֹ נָאֶה, כִּי לוֹ יָאֶה.

THE FOURTH CUP

7 הִנְנִי מוּכָן וּמְזֻמָּן לְקַיֵּם מִצְוַת כּוֹס רְבִיעִית מֵאַרְבַּע כּוֹסוֹת לְשֵׁם יִחוּד קֻדְשָׁא

8 בְּרִיךְ הוּא וּשְׁכִינְתֵּיהּ עַל־יְדֵי הַהוּא טָמִיר וְנֶעְלָם בְּשֵׁם כָּל־יִשְׂרָאֵל.

9 בָּרוּךְ אַתָּה יְיָ, אֱלֹהֵינוּ מֶלֶךְ הָעוֹלָם, בּוֹרֵא

10 פְּרִי הַגָּפֶן.

Drink the fourth cup of wine.

11 בָּרוּךְ אַתָּה יְיָ, אֱלֹהֵינוּ מֶלֶךְ הָעוֹלָם, עַל הַגֶּפֶן וְעַל פְּרִי

12 הַגֶּפֶן, וְעַל תְּנוּבַת הַשָּׂדֶה, וְעַל אֶרֶץ חֶמְדָּה, טוֹבָה וּרְחָבָה,

13 שֶׁרָצִיתָ וְהִנְחַלְתָּ לַאֲבוֹתֵינוּ, לֶאֱכוֹל מִפִּרְיָהּ וְלִשְׂבּוֹעַ מִטּוּבָהּ.

14 רַחֶם־נָא יְיָ אֱלֹהֵינוּ עַל יִשְׂרָאֵל עַמֶּךָ, וְעַל יְרוּשָׁלַיִם עִירֶךָ,

15 וְעַל צִיּוֹן מִשְׁכַּן כְּבוֹדֶךָ, וְעַל מִזְבְּחֶךָ וְעַל הֵיכָלֶךָ. וּבְנֵה

16 יְרוּשָׁלַיִם עִיר הַקֹּדֶשׁ בִּמְהֵרָה בְיָמֵינוּ. וְהַעֲלֵנוּ לְתוֹכָהּ, וְשַׂמְּחֵנוּ

17 בְּבִנְיָנָהּ, וְנֹאכַל מִפִּרְיָהּ, וְנִשְׂבַּע מִטּוּבָהּ, וּנְבָרֶכְךָ עָלֶיהָ בִּקְדֻשָּׁה

18 וּבְטָהֳרָה. (בשבת וּרְצֵה וְהַחֲלִיצֵנוּ בְּיוֹם הַשַּׁבָּת הַזֶּה) וְשַׂמְּחֵנוּ

TO HIM IT IS FITTING, TO HIM IT IS DUE.
Mighty in majesty, Supreme indeed!
His legions sing to Him:
Yours alone, O God, is the world's sovereignty.
TO HIM IT IS FITTING, TO HIM IT IS DUE.

First in majesty, Glorious indeed!
His faithful sing to Him:
Yours alone, O God, is the world's sovereignty.
TO HIM IT IS FITTING, TO HIM IT IS DUE.

Pure in majesty, Powerful indeed!
His attendants sing to Him:
Yours alone, O God, is the world's sovereignty.
TO HIM IT IS FITTING, TO HIM IT IS DUE.

Unique in majesty, Great indeed!
His disciples sing to Him:
Yours alone, O God, is the world's sovereignty.
TO HIM IT IS FITTING, TO HIM IT IS DUE.

Ruling in majesty, Revered indeed!
His angels sing to Him:
Yours alone, O God, is the world's sovereignty.
TO HIM IT IS FITTING, TO HIM IT IS DUE.

Humble in majesty, Redeemer indeed!
His righteous sing to Him:
Yours alone, O God, is the world's sovereignty.
TO HIM IT IS FITTING, TO HIM IT IS DUE.

כִּי לוֹ נָאֶה, כִּי לוֹ יָאֶה.

אַדִּיר בִּמְלוּכָה, בָּחוּר כַּהֲלָכָה, גְּדוּדָיו יֹאמְרוּ לוֹ:

לְךָ וּלְךָ, לְךָ כִּי לְךָ, לְךָ אַף לְךָ, לְךָ יְיָ הַמַּמְלָכָה.

כִּי לוֹ נָאֶה, כִּי לוֹ יָאֶה.

דָּגוּל בִּמְלוּכָה, הָדוּר כַּהֲלָכָה, וָתִיקָיו יֹאמְרוּ לוֹ:

לְךָ וּלְךָ, לְךָ כִּי לְךָ, לְךָ אַף לְךָ, לְךָ יְיָ הַמַּמְלָכָה.

כִּי לוֹ נָאֶה, כִּי לוֹ יָאֶה.

זַכַּאי בִּמְלוּכָה, חָסִין כַּהֲלָכָה, טַפְסְרָיו יֹאמְרוּ לוֹ:

לְךָ וּלְךָ, לְךָ כִּי לְךָ, לְךָ אַף לְךָ, לְךָ יְיָ הַמַּמְלָכָה.

כִּי לוֹ נָאֶה, כִּי לוֹ יָאֶה.

יָחִיד בִּמְלוּכָה, כַּבִּיר כַּהֲלָכָה, לִמּוּדָיו יֹאמְרוּ לוֹ:

לְךָ וּלְךָ, לְךָ כִּי לְךָ, לְךָ אַף לְךָ, לְךָ יְיָ הַמַּמְלָכָה.

כִּי לוֹ נָאֶה, כִּי לוֹ יָאֶה.

מוֹשֵׁל בִּמְלוּכָה, נוֹרָא כַּהֲלָכָה, סְבִיבָיו יֹאמְרוּ לוֹ:

לְךָ וּלְךָ, לְךָ כִּי לְךָ, לְךָ אַף לְךָ, לְךָ יְיָ הַמַּמְלָכָה.

כִּי לוֹ נָאֶה, כִּי לוֹ יָאֶה.

עָנָו בִּמְלוּכָה, פּוֹדֶה כַּהֲלָכָה, צַדִּיקָיו יֹאמְרוּ לוֹ:

לְךָ וּלְךָ, לְךָ כִּי לְךָ, לְךָ אַף לְךָ, לְךָ יְיָ הַמַּמְלָכָה.

כִּי לוֹ נָאֶה, כִּי לוֹ יָאֶה.

The Assyrian armies besieging Jerusalem were stricken at night.
Bel and its pedestal were overthrown in the dark of night.
To Daniel You revealed Your mysteries in a vision at night.
IT HAPPENED AT MIDNIGHT!
King Belshazzar of Babylon, become drunk of the holy vessels, was slain at nigh
Daniel, saved from the lion's den, interpreted the terrifying dreams of the night.
Haman wrote his edicts of hate at night.
IT HAPPENED AT MIDNIGHT!
You acheived Your victory over him in the sleeplessness of Ahasuerus at night.
You will tread the enemy as in a winepress for them that
ask: "Watchman, what of the night?"
Like the watchman, You will respond: "The morning has come even as the night
IT HAPPENED AT MIDNIGHT!
Hasten the day which is neither day nor night.
O Most High, make known that Yours is the day and also the night.
Appoint guards over Your city all day and all night.
Make bright as the day the darkness of the night.
IT HAPPENED AT MIDNIGHT!

On the Second Seder Night:

AND SAY: THIS IS THE PASSOVER OFFERING!
Your mighty power You demonstrated on Passover.
Above all festivals You exalted the Passover.
To Abraham You revealed Israel's destiny on Passover.
THIS IS THE PASSOVER OFFERING!
In the heat of the day You knocked at his doors, on Passover.
He served the angels cakes of unleavened bread, on Passover.
And he ran to the herd to fetch an offering, for Passover.
THIS IS THE PASSOVER OFFERING!
The Sodomites provoked God and were consumed by fire, on Passover.
Lot separated from them and baked unleavened bread, on Passover.
You swept Egypt clean when You passed through it, on Passover.
THIS IS THE PASSOVER OFFERING!
You smote every Egyptian first-born on the watchnight, of Passover.
You passed over Israel's first-born, on Passover.
You permitted no destroyer to enter Israel's doors, on Passover.
THIS IS THE PASSOVER OFFERING!
The walls of Jericho fell, on Passover.
Midian was destroyed by a loaf of barley bread measuring an *Omer*, on Passove
The Assyrians were burned in a mighty conflagration, on Passover.
THIS IS THE PASSOVER OFFERING!
Sennacherib met disaster at Zion's gate, on Passover.
The hand wrote on the wall in Babylon, on Passover.
The reveling city met its doom, on Passover.
THIS IS THE PASSOVER OFFERING!

1 יָעַץ מְחָרֵף לְנוֹפֵף אִוּוּי, הוֹבַשְׁתָּ פְגָרָיו בַּלַּיְלָה, כָּרַע בֵּל וּמַצָּבוֹ בְּאִישׁוֹן

2 לַיְלָה, לְאִישׁ חֲמוּדוֹת נִגְלָה רָז חֲזוֹת לַיְלָה,   וַיְהִי בַּחֲצִי הַלַּיְלָה.

3 מִשְׁתַּכֵּר בִּכְלֵי קֹדֶשׁ נֶהֱרַג בּוֹ בַּלַּיְלָה, נוֹשַׁע מִבּוֹר אֲרָיוֹת פּוֹתֵר בְּעוֹתֵי

4 לַיְלָה. שִׂנְאָה נָטַר אֲגָגִי וְכָתַב סְפָרִים בַּלַּיְלָה,   וַיְהִי בַּחֲצִי הַלַּיְלָה.

5 עוֹרַרְתָּ נִצְחֲךָ עָלָיו בְּנֶדֶד שְׁנַת לַיְלָה, פּוּרָה תִדְרוֹךְ לְשׁוֹמֵר מַה מִלַּיְלָה,

6 צָרַח כַּשֹּׁמֵר וְשָׂח אָתָא בֹקֶר וְגַם לָיְלָה,   וַיְהִי בַּחֲצִי הַלַּיְלָה.

7 קָרֵב יוֹם אֲשֶׁר הוּא לֹא יוֹם וְלֹא לַיְלָה, רָם הוֹדַע כִּי לְךָ הַיּוֹם אַף לְךָ

8 הַלַּיְלָה, שׁוֹמְרִים הַפְקֵד לְעִירְךָ כָּל הַיּוֹם וְכָל הַלַּיְלָה, תָּאִיר כְּאוֹר יוֹם

9 חֶשְׁכַּת לַיְלָה,   וַיְהִי בַּחֲצִי הַלַּיְלָה:

On the Second Seder Night:

10 וּבְכֵן „וַאֲמַרְתֶּם זֶבַח פֶּסַח".

11 אֹמֶץ גְּבוּרוֹתֶיךָ הִפְלֵאתָ בַפֶּסַח, בְּרֹאשׁ כָּל מוֹעֲדוֹת נִשֵּׂאתָ פֶּסַח,

12 גִּלִּיתָ לְאֶזְרָחִי חֲצוֹת לֵיל פֶּסַח,   וַאֲמַרְתֶּם זֶבַח פֶּסַח.

13 דְּלָתָיו דָּפַקְתָּ כְּחֹם הַיּוֹם בַּפֶּסַח, הִסְעִיד נוֹצְצִים עֻגּוֹת מַצּוֹת בַּפֶּסַח,

14 וְאֶל הַבָּקָר רָץ זֵכֶר לְשׁוֹר עֵרֶךְ פֶּסַח,   וַאֲמַרְתֶּם זֶבַח פֶּסַח.

15 זֹעֲמוּ סְדוֹמִים וְלֹהֲטוּ בָּאֵשׁ בַּפֶּסַח, חֻלַּץ לוֹט מֵהֶם, וּמַצּוֹת אָפָה בְּקֵץ

16 פֶּסַח, טִאטֵאתָ אַדְמַת מֹף וְנֹף בְּעָבְרְךָ בַפֶּסַח,   וַאֲמַרְתֶּם זֶבַח פֶּסַח.

17 יָהּ, רֹאשׁ כָּל אוֹן מָחַצְתָּ בְּלֵיל שִׁמּוּר פֶּסַח, כַּבִּיר, עַל בֵּן בְּכוֹר פָּסַחְתָּ

18 בְּדַם פֶּסַח, לְבִלְתִּי תֵת מַשְׁחִית לָבֹא בִּפְתָחַי בַּפֶּסַח,   וַאֲמַרְתֶּם זֶבַח פֶּסַח.

19 מְסֻגֶּרֶת סֻגְּרָה בְּעִתּוֹתֵי פֶּסַח, נִשְׁמְדָה מִדְיָן בִּצְלִיל שְׂעוֹרֵי עֹמֶר פֶּסַח,

20 שֹׂרְפוּ מִשְׁמַנֵּי פּוּל וְלוּד בִּיקַד יְקוֹד פֶּסַח,   וַאֲמַרְתֶּם זֶבַח פֶּסַח.

21 עוֹד הַיּוֹם בְּנֹב לַעֲמֹד, עַד גָּעָה עוֹנַת פֶּסַח, פַּס יָד כָּתְבָה לְקַעֲקֵעַ צוּל

22 בַּפֶּסַח, צָפֹה הַצָּפִית עָרוֹךְ הַשֻּׁלְחָן, בַּפֶּסַח,   וַאֲמַרְתֶּם זֶבַח פֶּסַח.

23 קָהָל כִּנְּסָה הֲדַסָּה לְשַׁלֵּשׁ צוֹם בַּפֶּסַח, רֹאשׁ מִבֵּית רָשָׁע מָחַצְתָּ בְּעֵץ

24 חֲמִשִּׁים בַּפֶּסַח, שְׁתֵּי אֵלֶּה רֶגַע, תָּבִיא לְעוּצִית בַּפֶּסַח, תָּעֹז יָדְךָ תָּרוּם

25 יְמִינֶךָ, כְּלֵיל הִתְקַדֶּשׁ חַג פֶּסַח,   וַאֲמַרְתֶּם זֶבַח פֶּסַח:

Queen Esther assembled the community to fast three days, on Passover.

Haman was hanged on gallows fifty cubits high, on Passover.

A twofold punishment You will bring on our enemies, on Passover.

Your right hand shall be uplifted on this hallowed

feast of Passover.

THIS IS THE PASSOVER OFFERING!

You are God by the power of Your might, great by the glory of Your name, almighty forever and inspiring awe by Your deeds. You are the Ruler enthroned, high and exalted.

You Who dwell in eternity, exalted and holy is Your name. And it is written: "Rejoice in the Lord, you righteous, for it befits the upright to speak His praise."

By the mouth of the upright You shall be praised; by the words of the righteous You shall be blessed; by the tongue of the pious You shall be exalted; and in the midst of the holy You shall be sanctified.

In the assemblies of the multitudes of Your people, the house of Israel, Your name, O our King, shall be glorified with song in every generation. For it is the duty of all creatures to give thanks, to praise, to exalt, to bless, to adore and to extol You, O Lord our God and God of our ancestors, in the words of the songs and psalms of David, the son of Jesse, Your anointed servant.

Praised be Your name forever, our King, O God, Who rules, great and holy, in the heavens and on earth. For to You, O Lord our God and God of our ancestors, it is fitting to render song and praise, hymn and psalm, expressing power and dominion, eternity, greatness and might, praise and glory, holiness and sovereignty, blessings and thanksgiving, from now and forever. Blessed are You, O Lord, King extolled in praises.

On the First Seder *Night:*

AND THUS IT HAPPENED AT MIDNIGHT!

In days of old You performed many miracles at night.
  On the first watch of this very night.
Full victory came to Abraham,
  When he divided his company that night.
            IT HAPPENED AT MIDNIGHT!
You judged the king of Gerar in a dream at night.
  You frightened Laban in the midst of the night.
And Israel wrestled with an angel and prevailed at night.
            IT HAPPENED AT MIDNIGHT!
You struck down the first-born of Egypt at midnight.
  They found their prized possessions gone when
  they arose at night.
The armies of Sisera You swept away by the stars of the
  night.   IT HAPPENED AT MIDNIGHT!

1   הָאֵל בְּתַעֲצֻמוֹת עֻזֶּךָ, הַגָּדוֹל בִּכְבוֹד שְׁמֶךָ, הַגִּבּוֹר לָנֶצַח וְהַנּוֹרָא
2   בְּנוֹרְאוֹתֶיךָ. הַמֶּלֶךְ הַיּוֹשֵׁב עַל כִּסֵּא רָם וְנִשָּׂא:

3   שׁוֹכֵן עַד, מָרוֹם וְקָדוֹשׁ שְׁמוֹ. וְכָתוּב: רַנְּנוּ צַדִּיקִים בַּיְיָ, לַיְשָׁרִים נָאוָה
4   תְהִלָּה. בְּפִי יְשָׁרִים תִּתְהַלָּל, וּבְדִבְרֵי צַדִּיקִים תִּתְבָּרַךְ, וּבִלְשׁוֹן חֲסִידִים
5   תִּתְרוֹמָם, וּבְקֶרֶב קְדוֹשִׁים תִּתְקַדָּשׁ:

6   וּבְמַקְהֲלוֹת רִבְבוֹת עַמְּךָ בֵּית יִשְׂרָאֵל בְּרִנָּה יִתְפָּאַר שִׁמְךָ, מַלְכֵּנוּ, בְּכָל
7   דּוֹר וָדוֹר, שֶׁכֵּן חוֹבַת כָּל הַיְצוּרִים, לְפָנֶיךָ יְיָ אֱלֹהֵינוּ וֵאלֹהֵי אֲבוֹתֵינוּ,
8   לְהוֹדוֹת, לְהַלֵּל, לְשַׁבֵּחַ, לְפָאֵר, לְרוֹמֵם, לְהַדֵּר, לְבָרֵךְ, לְעַלֵּה וּלְקַלֵּס,
9   עַל כָּל דִּבְרֵי שִׁירוֹת וְתִשְׁבְּחוֹת דָּוִד בֶּן יִשַׁי עַבְדְּךָ מְשִׁיחֶךָ:

10   יִשְׁתַּבַּח שִׁמְךָ לָעַד, מַלְכֵּנוּ, הָאֵל, הַמֶּלֶךְ הַגָּדוֹל וְהַקָּדוֹשׁ, בַּשָּׁמַיִם
11   וּבָאָרֶץ, כִּי לְךָ נָאֶה, יְיָ אֱלֹהֵינוּ וֵאלֹהֵי אֲבוֹתֵינוּ, שִׁיר וּשְׁבָחָה, הַלֵּל וְזִמְרָה,
12   עֹז וּמֶמְשָׁלָה, נֶצַח, גְּדֻלָּה וּגְבוּרָה, תְּהִלָּה וְתִפְאֶרֶת, קְדֻשָּׁה וּמַלְכוּת, בְּרָכוֹת
13   וְהוֹדָאוֹת, מֵעַתָּה וְעַד עוֹלָם:

14   יְהַלְלוּךָ יְיָ אֱלֹהֵינוּ (עַל) כָּל מַעֲשֶׂיךָ, וַחֲסִידֶיךָ צַדִּיקִים עוֹשֵׂי רְצוֹנֶךָ.
15   וְכָל עַמְּךָ בֵּית יִשְׂרָאֵל בְּרִנָּה יוֹדוּ, וִיבָרְכוּ, וִישַׁבְּחוּ וִיפָאֲרוּ, וִירוֹמְמוּ,
16   וְיַעֲרִיצוּ, וְיַקְדִּישׁוּ, וְיַמְלִיכוּ אֶת שִׁמְךָ מַלְכֵּנוּ, כִּי לְךָ טוֹב לְהוֹדוֹת, וּלְשִׁמְךָ
17   נָאֶה לְזַמֵּר, כִּי מֵעוֹלָם וְעַד עוֹלָם אַתָּה אֵל. בָּרוּךְ אַתָּה יְיָ, מֶלֶךְ מְהֻלָּל
18   בַּתִּשְׁבָּחוֹת:

On the First Seder Night:

19   וּבְכֵן „וַיְהִי בַּחֲצִי הַלַּיְלָה".

20   אָז רוֹב נִסִּים הִפְלֵאתָ בַּלַּיְלָה, בְּרֹאשׁ אַשְׁמוֹרוֹת זֶה הַלַּיְלָה, גֵּר צֶדֶק
21   נִצַּחְתּוֹ כְּנֶחֱלַק לוֹ לַיְלָה,   וַיְהִי בַּחֲצִי הַלַּיְלָה.
22   דַּנְתָּ מֶלֶךְ גְּרָר בַּחֲלוֹם הַלַּיְלָה, הִפְחַדְתָּ אֲרַמִּי בְּאֶמֶשׁ לַיְלָה, וְיִשְׂרָאֵל
23   יָשַׂר לָאֵל וַיּוּכַל לוֹ לַיְלָה,   וַיְהִי בַּחֲצִי הַלַּיְלָה.
24   זֶרַע בְּכוֹרֵי פַתְרוֹס מָחַצְתָּ בַּחֲצִי הַלַּיְלָה, חֵילָם לֹא מָצְאוּ בְּקוּמָם
25   בַּלַּיְלָה, טִיסַת נְגִיד חֲרֹשֶׁת סִלִּיתָ בְּכוֹכְבֵי לַיְלָה,   וַיְהִי בַּחֲצִי הַלַּיְלָה.

Who remembered us in our lowliness,
For His mercy endures forever.

And redeemed us from those who oppressed us,
For His mercy endures forever.

Who gives food to all,
For His mercy endures forever.

Give thanks to the God of heaven,
For His mercy endures forever.

The soul of all living things shall bless Your name, O Lord our God, and the spirit of all flesh shall ever glorify and extol Your fame, our King. From everlasting to everlasting You are God, and beside You we have no Ruler and Deliverer, Redeemer and Sustainer, Who is merciful in all times of trouble and distress; we have no King but you.

O God of the first and of the last, God of all creatures, Master of all generations, Who is extolled in manifold praises, Who leads the world with lovingkindness, and His creatures with mercy; God Who neither slumbers nor sleeps; Who awakens the sleeping and stirs the slumbering; Who gives speech to the dumb and releases the bound; Who supports the falling and upholds the bowed-down. To You alone we give thanks.

Were our mouths filled with song as the sea, our tongue uplifted in exultation as the waves, and our lips with praise as the spacious firmament; were our eyes radiant as the sun and the moon, our hands spread as the wings of eagles, and our feet swift as hinds—we would still be unable to offer proper thanks to You, O Lord our God and God of our ancestors, and to praise Your name one thousandth part or even a tenth of one thousandth part for the manifold goodness You bestowed upon our ancestors and upon us.

From Egypt You redeemed us, O Lord our God, and from the house of bondage You liberated us; in famine You fed us, and in time of plenty You sustained us; from the sword You saved us, from pestilence You delivered us, and from severe sickness You spared us. To this day Your mercies have helped us, and Your lovingkindness did not abandon us. Do not forsake us ever, we pray You, O Lord our God.

Therefore, the limbs You have fashioned for us, and the spirit of life which You have breathed into us, and the tongue which You have placed in our mouth—they shall all thank, bless, extol, glorify, exalt, adore, hallow, and give sovereignty to Your name, O our King. For every mouth shall give thanks to You, and every tongue shall pledge featly to You; every knee shall bend to You, and every living being shall bow down to You; all hearts shall revere You, and all innermost being shall sing to Your name, as it is written: "My whole being shall say, O Lord, who is like unto You, delivering the poor from those who are stronger, and the needy from those who prey on them."

Who is like unto You, and who can equal you? Who can compare with You, O God, great, mighty, revered, supreme God, Master of heaven and earth? Let us praise and worship, glorify and bless Your holy name, as it was said by David: "Bless the Lord, O my soul; and all that is within me, bless His holy name."

1 שֶׁבִּשְׁפְלֵנוּ זָכַר לָנוּ.	כִּי לְעוֹלָם חַסְדוֹ:
2 וַיִּפְרְקֵנוּ מִצָּרֵינוּ.	כִּי לְעוֹלָם חַסְדוֹ:
3 נֹתֵן לֶחֶם לְכָל־בָּשָׂר.	כִּי לְעוֹלָם חַסְדוֹ:
4 הוֹדוּ לְאֵל הַשָּׁמָיִם.	כִּי לְעוֹלָם חַסְדוֹ:

5 נִשְׁמַת כָּל חַי תְּבָרֵךְ אֶת־שִׁמְךָ יְיָ אֱלֹהֵינוּ, וְרוּחַ כָּל בָּשָׂר תְּפָאֵר

6 וּתְרוֹמֵם זִכְרְךָ מַלְכֵּנוּ תָּמִיד. מִן הָעוֹלָם וְעַד הָעוֹלָם אַתָּה אֵל, וּמִבַּלְעָדֶיךָ

7 אֵין לָנוּ מֶלֶךְ גּוֹאֵל וּמוֹשִׁיעַ, פּוֹדֶה וּמַצִּיל, וּמְפַרְנֵס, וּמְרַחֵם בְּכָל־עֵת צָרָה

8 וְצוּקָה. אֵין לָנוּ מֶלֶךְ אֶלָּא אָתָּה. אֱלֹהֵי הָרִאשׁוֹנִים וְהָאַחֲרוֹנִים, אֱלוֹהַּ כָּל

9 בְּרִיּוֹת, אֲדוֹן כָּל תּוֹלָדוֹת, הַמְהֻלָּל בְּרֹב הַתִּשְׁבָּחוֹת, הַמְנַהֵג עוֹלָמוֹ בְּחֶסֶד

10 וּבְרִיּוֹתָיו בְּרַחֲמִים. וַיְיָ לֹא יָנוּם וְלֹא יִישָׁן, הַמְעוֹרֵר יְשֵׁנִים, וְהַמֵּקִיץ נִרְדָּמִים,

11 וְהַמֵּשִׂיחַ אִלְּמִים, וְהַמַּתִּיר אֲסוּרִים, וְהַסּוֹמֵךְ נוֹפְלִים, וְהַזּוֹקֵף כְּפוּפִים. לְךָ

12 לְבַדְּךָ אֲנַחְנוּ מוֹדִים. אִלּוּ פִינוּ מָלֵא שִׁירָה כַיָּם, וּלְשׁוֹנֵנוּ – רִנָּה כַּהֲמוֹן גַּלָּיו,

13 וְשִׂפְתוֹתֵינוּ – שֶׁבַח כְּמֶרְחֲבֵי רָקִיעַ, וְעֵינֵינוּ מְאִירוֹת כַּשֶּׁמֶשׁ וְכַיָּרֵחַ, וְיָדֵינוּ

14 פְרוּשׂוֹת כְּנִשְׁרֵי שָׁמָיִם, וְרַגְלֵינוּ קַלּוֹת כָּאַיָּלוֹת, – אֵין אֲנַחְנוּ מַסְפִּיקִים

15 לְהוֹדוֹת לְךָ, יְיָ אֱלֹהֵינוּ וֵאלֹהֵי אֲבוֹתֵינוּ, וּלְבָרֵךְ אֶת־שְׁמֶךָ, עַל אַחַת מֵאָלֶף,

16 אֶלֶף אַלְפֵי אֲלָפִים וְרִבֵּי רְבָבוֹת פְּעָמִים הַטּוֹבוֹת שֶׁעָשִׂיתָ עִם אֲבוֹתֵינוּ וְעִמָּנוּ

17 מִמִּצְרַיִם גְּאַלְתָּנוּ יְיָ אֱלֹהֵינוּ, וּמִבֵּית עֲבָדִים פְּדִיתָנוּ, בְּרָעָב זַנְתָּנוּ, וּבְשָׂבָע

18 כִּלְכַּלְתָּנוּ, מֵחֶרֶב הִצַּלְתָּנוּ, וּמִדֶּבֶר מִלַּטְתָּנוּ, וּמֵחֳלָיִם רָעִים וְנֶאֱמָנִים דִּלִּיתָנוּ

19 עַד הֵנָּה עֲזָרוּנוּ רַחֲמֶיךָ, וְלֹא עֲזָבוּנוּ חֲסָדֶיךָ, וְאַל תִּטְּשֵׁנוּ יְיָ אֱלֹהֵינוּ לָנֶצַח

20 עַל כֵּן אֵבָרִים שֶׁפִּלַּגְתָּ בָּנוּ, וְרוּחַ וּנְשָׁמָה שֶׁנָּפַחְתָּ בְּאַפֵּינוּ וְלָשׁוֹן אֲשֶׁר

21 שַׂמְתָּ בְּפִינוּ, – הֵן הֵם יוֹדוּ וִיבָרְכוּ, וִישַׁבְּחוּ וִיפָאֲרוּ, וִירוֹמְמוּ וְיַעֲרִיצוּ,

22 וְיַקְדִּישׁוּ וְיַמְלִיכוּ אֶת־שִׁמְךָ מַלְכֵּנוּ. כִּי כָל פֶּה לְךָ יוֹדֶה, וְכָל לָשׁוֹן

23 לְךָ תִשָּׁבַע, וְכָל בֶּרֶךְ לְךָ תִכְרַע, וְכָל קוֹמָה לְפָנֶיךָ תִשְׁתַּחֲוֶה, וְכָל לְבָבוֹת

24 יִירָאוּךָ, וְכָל קֶרֶב וּכְלָיוֹת יְזַמְּרוּ לִשְׁמֶךָ, כַּדָּבָר שֶׁכָּתוּב: כָּל עַצְמֹתַי תֹּאמַרְנָה:

25 יְיָ, מִי כָמוֹךָ, מַצִּיל עָנִי מֵחָזָק מִמֶּנּוּ, וְעָנִי וְאֶבְיוֹן מִגֹּזְלוֹ. מִי יִדְמֶה לָּךְ? וּמִי

26 יִשְׁוֶה לָּךְ? וּמִי יַעֲרָךְ לָךְ? הָאֵל הַגָּדוֹל, הַגִּבּוֹר וְהַנּוֹרָא, אֵל עֶלְיוֹן, קוֹנֵה שָׁמַיִם

27 וָאָרֶץ. נְהַלֶּלְךָ, וּנְשַׁבֵּחֲךָ, וּנְפָאֶרְךָ, וּנְבָרֵךְ אֶת־שֵׁם קָדְשֶׁךָ, כָּאָמוּר: לְדָוִד,

28 בָּרְכִי נַפְשִׁי אֶת־יְיָ, וְכָל קְרָבַי אֶת־שֵׁם קָדְשׁוֹ:

Give thanks unto the Lord for He is good,
For His mercy endures forever.
Give thanks to the God of gods,
For His mercy endures forever.
Give thanks to the Lord of lords,
For His mercy endures forever.
To Him Who alone performs great miracles,
For His mercy endures forever.
To Him Who made the heavens with wisdom,
For His mercy endures forever.
To Him Who spread the earth above the waters,
For His mercy endures forever.
To Him Who made the great lights,
For His mercy endures forever.
The sun to rule by day,
For His mercy endures forever.
The moon and stars to rule by night,
For His mercy endures forever.
To Him Who smote Egypt through their first-born,
For His mercy endures forever.
And brought Israel forth from among them,
For His mercy endures forever.
With a mighty hand and an outstretched arm,
For His mercy endures forever.
To Him Who divided the Red Sea,
For His mercy endures forever.
And brought Israel through it,
For His mercy endures forever.
Who swept away Pharaoh and his host in the Red Sea,
For His mercy endures forever.
To Him Who led His people through the wilderness,
For His mercy endures forever.
To Him Who smote great kings,
For His mercy endures forever.
And slew mighty kings,
For His mercy endures forever.
Sihon, king of the Amorites,
For His mercy endures forever.
And Og, king of Bashan,
For His mercy endures forever.
And gave their land as a heritage,
For His mercy endures forever.

A heritage to Israel, His servant,
For His mercy endures forever.

1 הוֹדוּ לַייָ כִּי טוֹב. כִּי לְעוֹלָם חַסְדּוֹ:

2 הוֹדוּ לֵאלֹהֵי הָאֱלֹהִים. כִּי לְעוֹלָם חַסְדּוֹ:

3 הוֹדוּ לַאֲדֹנֵי הָאֲדֹנִים. כִּי לְעוֹלָם חַסְדּוֹ:

4 לְעֹשֵׂה נִפְלָאוֹת גְּדֹלוֹת לְבַדּוֹ. כִּי לְעוֹלָם חַסְדּוֹ:

5 לְעֹשֵׂה הַשָּׁמַיִם בִּתְבוּנָה. כִּי לְעוֹלָם חַסְדּוֹ:

6 לְרוֹקַע הָאָרֶץ עַל־הַמָּיִם. כִּי לְעוֹלָם חַסְדּוֹ:

7 לְעֹשֵׂה אוֹרִים גְּדֹלִים. כִּי לְעוֹלָם חַסְדּוֹ:

8 אֶת־הַשֶּׁמֶשׁ לְמֶמְשֶׁלֶת בַּיּוֹם. כִּי לְעוֹלָם חַסְדּוֹ:

9 אֶת־הַיָּרֵחַ וְכוֹכָבִים לְמֶמְשְׁלוֹת בַּלָּיְלָה. כִּי לְעוֹלָם חַסְדּוֹ:

10 לְמַכֵּה מִצְרַיִם בִּבְכוֹרֵיהֶם. כִּי לְעוֹלָם חַסְדּוֹ:

11 וַיּוֹצֵא יִשְׂרָאֵל מִתּוֹכָם. כִּי לְעוֹלָם חַסְדּוֹ:

12 בְּיָד חֲזָקָה וּבִזְרוֹעַ נְטוּיָה. כִּי לְעוֹלָם חַסְדּוֹ:

13 לְגֹזֵר יַם־סוּף לִגְזָרִים. כִּי לְעוֹלָם חַסְדּוֹ:

14 וְהֶעֱבִיר יִשְׂרָאֵל בְּתוֹכוֹ. כִּי לְעוֹלָם חַסְדּוֹ:

15 וְנִעֵר פַּרְעֹה וְחֵילוֹ בְיַם־סוּף. כִּי לְעוֹלָם חַסְדּוֹ:

16 לְמוֹלִיךְ עַמּוֹ בַּמִּדְבָּר. כִּי לְעוֹלָם חַסְדּוֹ:

17 לְמַכֵּה מְלָכִים גְּדֹלִים. כִּי לְעוֹלָם חַסְדּוֹ:

18 וַיַּהֲרֹג מְלָכִים אַדִּירִים. כִּי לְעוֹלָם חַסְדּוֹ:

19 לְסִיחוֹן מֶלֶךְ הָאֱמֹרִי. כִּי לְעוֹלָם חַסְדּוֹ:

20 וּלְעוֹג מֶלֶךְ הַבָּשָׁן. כִּי לְעוֹלָם חַסְדּוֹ:

21 וְנָתַן אַרְצָם לְנַחֲלָה. כִּי לְעוֹלָם חַסְדּוֹ:

22 נַחֲלָה לְיִשְׂרָאֵל עַבְדּוֹ. כִּי לְעוֹלָם חַסְדּוֹ:

It is better to rely on the Lord
   Than to trust in man.
It is better to rely on the Lord
   Than to trust in princes.
The nations beset me;
   In the name of the Lord I will surely cut them down.
They surround me, they encompass me;
   In the name of the Lord I will surely cut them down.
They encompass me like bees;
   They will be quenched as a fire of thorns;
   In the name of the Lord I will surely cut them down.
They thrust at me that I might fall,
   But the Lord helped me.
The Lord is my strength and song.
   He has become my salvation.
Hark, the joyous song of victory is heard
   In the tents of the righteous;
   The right hand of the Lord does valiantly.
The right hand of the Lord is exalted;
   The right hand of the Lord does valiantly.
I shall not die, but live
   And declare the works of the Lord.
Though the Lord has indeed chastened me,
   He has not given me over to death.
Open to me the gates of righteousness,
   I will enter them and give thanks unto the Lord.
This is the gate of the Lord;
   The righteous shall enter it.

Each verse is said twice:

I will give thanks unto You for You have answered me,
   And become my salvation.
The stone which the builders rejected
   Has become the cornerstone.
This is the work of the Lord,
   It is marvelous in our eyes.
This is the day the Lord has made;
   Let us rejoice and be glad in it.

O Lord, we beseech You, save us.
   O Lord, we beseech You, save us.
O Lord, we beseech You, prosper us.
   O Lord, we beseech You, prosper us.

Each verse is said twice:

Blessed be he who comes in the name of the Lord;
   We bless you from the house of the Lord.
The Lord is God and has given us light;
   Bring the sacrifice bound with myrtle
   To the very horns of the altar.
You are my God and I will give thanks unto You;
   My God, I will extol You.
Give thanks unto the Lord for He is good;
   For His mercy endures forever.

---

1 לַחֲסוֹת בַּיְיָ. מִבְּטֹחַ בָּאָדָם. טוֹב לַחֲסוֹת בַּיְיָ. מִבְּטֹחַ בִּנְדִיבִים:

2 כָּל־גּוֹיִם סְבָבוּנִי. בְּשֵׁם יְיָ כִּי אֲמִילַם: סַבּוּנִי גַם־סְבָבוּנִי. בְּשֵׁם

3 יְיָ כִּי אֲמִילַם: סַבּוּנִי כִדְבֹרִים דֹּעֲכוּ כְּאֵשׁ קוֹצִים. בְּשֵׁם יְיָ כִּי

4 אֲמִילַם: דָּחֹה דְחִיתַנִי לִנְפֹּל. וַיְיָ עֲזָרָנִי: עָזִּי וְזִמְרָת יָהּ. וַיְהִי

5 לִי לִישׁוּעָה: קוֹל רִנָּה וִישׁוּעָה בְּאָהֳלֵי צַדִּיקִים. יְמִין יְיָ עֹשָׂה

6 חָיִל: יְמִין יְיָ רוֹמֵמָה. יְמִין יְיָ עֹשָׂה חָיִל: לֹא אָמוּת כִּי אֶחְיֶה.

7 וַאֲסַפֵּר מַעֲשֵׂי יָהּ: יַסֹּר יִסְּרַנִי יָּהּ. וְלַמָּוֶת לֹא נְתָנָנִי: פִּתְחוּ לִי

8 שַׁעֲרֵי־צֶדֶק. אָבֹא בָם אוֹדֶה יָהּ: זֶה הַשַּׁעַר לַיְיָ. צַדִּיקִים

9 יָבֹאוּ בוֹ: אוֹדְךָ כִּי עֲנִיתָנִי וַתְּהִי לִי לִישׁוּעָה: אודך אֶבֶן מָאֲסוּ

10 הַבּוֹנִים. הָיְתָה לְרֹאשׁ פִּנָּה: אבן מֵאֵת יְיָ הָיְתָה זֹּאת הִיא נִפְלָאת

11 בְּעֵינֵינוּ: מאת זֶה הַיּוֹם עָשָׂה יְיָ. נָגִילָה וְנִשְׂמְחָה בוֹ: זה

Each verse is said twice:

12 אָנָּא יְיָ הוֹשִׁיעָה נָּא:

13 אָנָּא יְיָ הוֹשִׁיעָה נָּא:

14 אָנָּא יְיָ הַצְלִיחָה נָא:

15 אָנָּא יְיָ הַצְלִיחָה נָא:

Each verse is said twice:

16 בָּרוּךְ הַבָּא בְּשֵׁם יְיָ. בֵּרַכְנוּכֶם מִבֵּית יְיָ: ברוך אֵל יְיָ וַיָּאֶר

17 לָנוּ אִסְרוּ־חַג בַּעֲבֹתִים. עַד קַרְנוֹת הַמִּזְבֵּחַ: אל אֵלִי אַתָּה

18 וְאוֹדֶךָּ. אֱלֹהַי אֲרוֹמְמֶךָּ: אלי הוֹדוּ לַיְיָ כִּי טוֹב. כִּי לְעוֹלָם

19 חַסְדּוֹ: הודו

My eye from tears
   And my foot from stumbling.
I shall walk before the Lord
   In the lands of the living.
I had faith even when I said,
   "I am greatly afflicted."
Only in haste did I say,
   "All men are untrustworthy."

(Psalm 116:12-19)

What can I render unto the Lord
   For all His benefactions to me?
I will lift up the cup of salvation,
   And call upon the name of the Lord.
My vows unto the Lord I will fulfill,
   In the presence of all His people.
Dear in the eyes of the Lord
   Is the death of His faithful ones.
O Lord, I am Your servant,
   I am Your servant, child of Your handmaid;
You have loosed my bonds.
   To You I will offer a thanksgiving sacrifice,
And call upon the name of the Lord.
   My vows unto the Lord I will fulfill,
In the presence of all His people,
   In the courts of the house of the Lord,
In the midst of Jerusalem.
   Halleluyah — Praise the Lord.

(Psalm 117)

Praise the Lord, all nations,
   Extol Him, all peoples,
For great is His mercy toward us,
   And the faithfulness of the Lord is forever.
Halleluyah — Praise the Lord.

(Psalm 118)

Give thanks unto the Lord for He is good;
   For His mercy endures forever.
Let Israel say: His mercy endures forever.
   Let the house of Aaron say: His mercy endures forever.
Let those who revere the Lord say:
   His mercy endures forever.

Out of distress I called upon the Lord;
   He answered me by setting me free.
The Lord is with me, I shall not fear.
   What can man do unto me?
The Lord is my helper
   And I shall see victory over my enemies.

1 אֶת־עֵינִי מִן דִּמְעָה. אֶת־רַגְלִי מִדֶּחִי: אֶתְהַלֵּךְ לִפְנֵי יְיָ. בְּאַרְצוֹת

2 הַחַיִּים: הֶאֱמַנְתִּי כִּי אֲדַבֵּר. אֲנִי עָנִיתִי מְאֹד: אֲנִי אָמַרְתִּי בְחָפְזִי

3 כָּל־הָאָדָם כֹּזֵב:

(Psalm 116:12-19)

4   מָה אָשִׁיב לַיְיָ. כָּל־תַּגְמוּלוֹהִי עָלָי: כּוֹס יְשׁוּעוֹת אֶשָּׂא.

5 וּבְשֵׁם יְיָ אֶקְרָא: נְדָרַי לַיְיָ אֲשַׁלֵּם. נֶגְדָה־נָּא לְכָל־עַמּוֹ: יָקָר

6 בְּעֵינֵי יְיָ. הַמָּוְתָה לַחֲסִידָיו. אָנָּה יְיָ כִּי־אֲנִי עַבְדֶּךָ אֲנִי עַבְדְּךָ

7 בֶּן־אֲמָתֶךָ. פִּתַּחְתָּ לְמוֹסֵרָי: לְךָ אֶזְבַּח זֶבַח תּוֹדָה. וּבְשֵׁם יְיָ

8 אֶקְרָא: נְדָרַי לַיְיָ אֲשַׁלֵּם נֶגְדָה־נָּא לְכָל עַמּוֹ. בְּחַצְרוֹת בֵּית

9 יְיָ, בְּתוֹכֵכִי יְרוּשָׁלָיִם. הַלְלוּיָהּ.

(Psalm 117)

10   הַלְלוּ אֶת־יְיָ כָּל־גּוֹיִם, שַׁבְּחוּהוּ כָּל־הָאֻמִּים. כִּי גָבַר עָלֵינוּ

11 חַסְדּוֹ, וֶאֱמֶת יְיָ לְעוֹלָם. הַלְלוּיָהּ.

(Psalm 118)

12 הוֹדוּ לַיְיָ. כִּי טוֹב,   כִּי לְעוֹלָם חַסְדּוֹ.

13 יֹאמַר נָא יִשְׂרָאֵל,   כִּי לְעוֹלָם חַסְדּוֹ.

14 יֹאמְרוּ נָא בֵית

15 אַהֲרֹן,   כִּי לְעוֹלָם חַסְדּוֹ.

16 יֹאמְרוּ נָא יִרְאֵי יְיָ,   כִּי לְעוֹלָם חַסְדּוֹ.

17   מִן הַמֵּצַר קָרָאתִי יָּהּ. עָנָנִי בַמֶּרְחַבְיָהּ: יְיָ לִי לֹא אִירָא.

18 מַה־יַּעֲשֶׂה לִי אָדָם: יְיָ לִי בְּעֹזְרָי. וַאֲנִי אֶרְאֶה בְשֹׂנְאָי: טוֹב

(Psalm 115:1-11)

Not unto us, O Lord, not unto us,
  But unto Your name give glory,
  For Your mercy and truth.
Why should the nations say,
  "Where, now, is their God?"
Our God is in heaven
  And He does what He wills.
Their idols are of silver and gold,
  The work of human hands.
They have a mouth but speak not;
  They have eyes but see not;
They have ears but hear not;
  They have a nose but smell not;
They have hands but feel not;
  They have feet but walk not;
They make no sound in their throat;
  Like them are those who make them
And those who trust in them.
  Israel, trust in the Lord,
He is your help and shield.
  House of Aaron, trust in the Lord;
He is your help and shield.
  You who revere the Lord, trust
  in the Lord;
He is your help and shield.

(Psalm 115:12-18)

The Lord Who has been mindful of us will bless us;
  He will bless the house of Israel
And the house of Aaron.
  He will bless those who revere the Lord,
The lowly and the great.
  May the Lord increase you and your children.
Blessed are you of the Lord,
  Maker of heaven and earth.
The heavens are the heavens of the Lord,
  And the earth He has given to the children of men.
The dead cannot praise the Lord,
  Nor those who go down to silence.
But we will bless the Lord,
  From this time forth and for evermore.
Halleluyah — Praise the Lord.

(Psalm 116:1-11)

I love that the Lord hears my voice
  And my supplications.
Because He has inclined His ear to me,
  I will call upon Him all my days.
The pangs of death encompassed me,
  The agony of the grave seized me,
I found but trouble and sorrow.
  But I called upon the name of the Lord,
"O Lord, I beseech You, save me."
  The Lord is gracious and righeous;
Our God is merciful.
  The Lord watches over the simple;
I was brought low and He saved me.
  Be at rest again, O my soul,
For the Lord has dealt bountifully with you.
  For You, O Lord, have saved me from death,

הגדה של פסח

.13 הַלֵּל.

PSALMS OF PRAISE

1   לֹא לָנוּ יְיָ, לֹא לָנוּ כִּי לְשִׁמְךָ תֵּן כָּבוֹד, עַל חַסְדְּךָ עַל

2 אֲמִתֶּךָ: לָמָּה יֹאמְרוּ הַגּוֹיִם. אַיֵּה־נָא אֱלֹהֵיהֶם: וֵאלֹהֵינוּ בַשָּׁמַיִם

3 כֹּל אֲשֶׁר חָפֵץ עָשָׂה: עֲצַבֵּיהֶם כֶּסֶף וְזָהָב. מַעֲשֵׂה יְדֵי אָדָם:

4 פֶּה לָהֶם וְלֹא יְדַבֵּרוּ. עֵינַיִם לָהֶם וְלֹא יִרְאוּ: אָזְנַיִם לָהֶם וְלֹא

5 יִשְׁמָעוּ. אַף לָהֶם וְלֹא יְרִיחוּן: יְדֵיהֶם וְלֹא יְמִישׁוּן. רַגְלֵיהֶם

6 וְלֹא יְהַלֵּכוּ. לֹא יֶהְגּוּ בִּגְרוֹנָם: כְּמוֹהֶם יִהְיוּ עֹשֵׂיהֶם. כֹּל אֲשֶׁר

7 בֹּטֵחַ בָּהֶם: יִשְׂרָאֵל בְּטַח בַּיְיָ. עֶזְרָם וּמָגִנָּם הוּא: בֵּית אַהֲרֹן

8 בִּטְחוּ בַיְיָ. עֶזְרָם וּמָגִנָּם הוּא: יִרְאֵי יְיָ בִּטְחוּ בַיְיָ. עֶזְרָם וּמָגִנָּם

9 הוּא:

10   יְיָ זְכָרָנוּ יְבָרֵךְ. יְבָרֵךְ אֶת־בֵּית יִשְׂרָאֵל. יְבָרֵךְ אֶת־בֵּית

11 אַהֲרֹן. יְבָרֵךְ יִרְאֵי יְיָ. הַקְּטַנִּים עִם הַגְּדֹלִים: יֹסֵף יְיָ עֲלֵיכֶם.

12 עֲלֵיכֶם וְעַל בְּנֵיכֶם: בְּרוּכִים אַתֶּם לַיְיָ. עֹשֵׂה שָׁמַיִם וָאָרֶץ:

13 הַשָּׁמַיִם שָׁמַיִם לַיְיָ. וְהָאָרֶץ נָתַן לִבְנֵי אָדָם: לֹא הַמֵּתִים

14 יְהַלְלוּיָהּ. וְלֹא כָּל־יֹרְדֵי דוּמָה: וַאֲנַחְנוּ נְבָרֵךְ יָהּ מֵעַתָּה וְעַד־

15 עוֹלָם הַלְלוּיָהּ:

16   אָהַבְתִּי כִּי יִשְׁמַע יְיָ. אֶת־קוֹלִי, תַּחֲנוּנָי: כִּי הִטָּה אָזְנוֹ לִי.

17 וּבְיָמַי אֶקְרָא: אֲפָפוּנִי חֶבְלֵי מָוֶת וּמְצָרֵי שְׁאוֹל מְצָאוּנִי. צָרָה

18 וְיָגוֹן אֶמְצָא: וּבְשֵׁם יְיָ אֶקְרָא. אָנָּה יְיָ, מַלְּטָה נַפְשִׁי: חַנּוּן יְיָ

19 וְצַדִּיק. וֵאלֹהֵינוּ מְרַחֵם: שֹׁמֵר פְּתָאיִם יְיָ. דַּלֹּתִי וְלִי יְהוֹשִׁיעַ:

20 שׁוּבִי נַפְשִׁי לִמְנוּחָיְכִי. כִּי יְיָ גָּמַל עָלָיְכִי: כִּי חִלַּצְתָּ נַפְשִׁי מִמָּוֶת

"Give thanks unto the Lord for He is good; for His mercy endures forever." "You open Your hand and satisfy every living thing." "Blessed is the man who trusts in the Lord, and the Lord is his stronghold." "I have been young, now I am old; and I have not seen the righteous forsaken or their children begging for bread." "The Lord will give strength to His people; the Lord will bless His people with peace."

THE THIRD CUP

Blessed are You, Lord our God, Ruler of the universe, Creator of the fruit of the vine.

Drink the third cup of wine.

Fill the fourth cup of wine and open the door for the prophet Elijah. All rise.

"Pour out Your wrath upon the nations that know You not, and upon the kingdoms that call not upon Your name; for they have consumed Jacob and laid waste his habitation." "Pour out Your rage upon them and let Your fury overtake them." "Pursue them in anger and destroy them from under the heavens of the Lord."

Close the door. All are seated.

1 לְעוֹלָם חַסְדּוֹ: פּוֹתֵחַ אֶת־יָדֶךָ, וּמַשְׂבִּיעַ לְכָל־חַי רָצוֹן: בָּרוּךְ

2 הַגֶּבֶר אֲשֶׁר יִבְטַח בַּיָּי, וְהָיָה יְיָ מִבְטַחוֹ: נַעַר הָיִיתִי גַּם זָקַנְתִּי

3 וְלֹא רָאִיתִי צַדִּיק נֶעֱזָב וְזַרְעוֹ מְבַקֶּשׁ־לָחֶם: יְיָ עֹז לְעַמּוֹ יִתֵּן,

4 יְיָ יְבָרֵךְ אֶת־עַמּוֹ בַשָּׁלוֹם:

THE THIRD CUP

5 הִנְנִי מוּכָן וּמְזֻמָּן לְקַיֵּם מִצְוַת כּוֹס שְׁלִישִׁית מֵאַרְבַּע כּוֹסוֹת לְשֵׁם יִחוּד

6 קֻדְשָׁא בְּרִיךְ הוּא וּשְׁכִינְתֵּיהּ עַל־יְדֵי הַהוּא טָמִיר וְנֶעֱלָם בְּשֵׁם כָּל־יִשְׂרָאֵל:

7 בָּרוּךְ אַתָּה יְיָ, אֱלֹהֵינוּ מֶלֶךְ הָעוֹלָם,

8 בּוֹרֵא פְּרִי הַגָּפֶן:

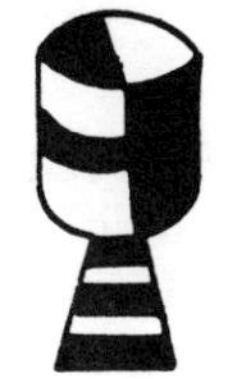

Drink the third cup of wine.

Fill the fourth cup of wine and open the door for the prophet Elijah. All rise.

9 שְׁפֹךְ חֲמָתְךָ אֶל־הַגּוֹיִם, אֲשֶׁר לֹא

10 יְדָעוּךָ וְעַל־מַמְלָכוֹת אֲשֶׁר בְּשִׁמְךָ

11 לֹא קָרָאוּ: כִּי אָכַל אֶת־יַעֲקֹב. וְאֶת־

12 נָוֵהוּ הֵשַׁמּוּ: שְׁפָךְ־עֲלֵיהֶם זַעְמֶךָ,

13 וַחֲרוֹן אַפְּךָ יַשִּׂיגֵם: תִּרְדֹּף בְּאַף

14 וְתַשְׁמִידֵם, מִתַּחַת שְׁמֵי יְיָ:

Close the door. All are seated.

May the Merciful One bless this house and all assembled here, us and all that is ours, even as our ancestors, Abraham, Isaac and Jacob were blessed with every manner of blessing. May He bless all of us together with a perfect blessing, and let us say, Amen.

On high, may there be invoked for them and for us such merit as shall secure enduring peace. Then shall we receive a blessing from the Lord and righteousness from the God of our salvation. And may we find grace and favor in the eyes of God and man.

The following paragraph is said on the Sabbath:

May the Merciful One grant us a day that shall be all Sabbath and rest in life everlasting.

May the Merciful One grant us a day that shall be all good.

May the Merciful One make us worthy of the days of the Messiah and life in the world to come.

"He is a tower of salvation to His king, and shows kindness to His anointed one, to David and his descendants forever."

May He Who makes peace in the heavenly spheres, grant peace to us, and to all Israel, and let us say, Amen.

"Revere the Lord, you His holy ones, for those who revere Him suffer no want. Those who deny Him have become poor and hungry, but they who seek the Lord shall not lack for anything good."

1 וְאֵת־כָּל־אֲשֶׁר לָהֶם. (ואם הוא נשי יאמר) אוֹתִי וְאֶת־אִשְׁתִּי וְאֶת־

2 זַרְעִי. אוֹתָנוּ וְאֶת־כָּל־אֲשֶׁר לָנוּ, כְּמוֹ שֶׁנִּתְבָּרְכוּ אֲבוֹתֵינוּ אַבְרָהָם

3 יִצְחָק וְיַעֲקֹב. בַּכֹּל מִכֹּל כֹּל. כֵּן יְבָרֵךְ אוֹתָנוּ, כֻּלָּנוּ יַחַד,

4 בִּבְרָכָה שְׁלֵמָה. וְנֹאמַר אָמֵן:

5 בַּמָּרוֹם יְלַמְּדוּ עֲלֵיהֶם וְעָלֵינוּ זְכוּת, שֶׁתְּהֵא לְמִשְׁמֶרֶת

6 שָׁלוֹם: וְנִשָּׂא בְרָכָה מֵאֵת יְיָ, וּצְדָקָה מֵאֱלֹהֵי יִשְׁעֵנוּ. וְנִמְצָא

7 חֵן וְשֵׂכֶל טוֹב בְּעֵינֵי אֱלֹהִים וְאָדָם:

The following paragraph is said on the Sabbath:

8 הָרַחֲמָן הוּא יַנְחִילֵנוּ לְיוֹם שֶׁכֻּלּוֹ שַׁבָּת וּמְנוּחָה, לְחַיֵּי
9 הָעוֹלָמִים:

10 הָרַחֲמָן, הוּא יַנְחִילֵנוּ לְיוֹם שֶׁכֻּלּוֹ טוֹב:

11 הָרַחֲמָן, הוּא יְזַכֵּנוּ לִימוֹת הַמָּשִׁיחַ וּלְחַיֵּי הָעוֹלָם הַבָּא.

12 מִגְדּוֹל יְשׁוּעוֹת מַלְכּוֹ, וְעֹשֶׂה חֶסֶד לִמְשִׁיחוֹ, לְדָוִד וּלְזַרְעוֹ עַד

13 עוֹלָם. עֹשֶׂה שָׁלוֹם בִּמְרוֹמָיו, הוּא יַעֲשֶׂה שָׁלוֹם עָלֵינוּ וְעַל כָּל

14 יִשְׂרָאֵל, וְאִמְרוּ אָמֵן:

15 יְראוּ אֶת־יְיָ קְדֹשָׁיו, כִּי אֵין מַחְסוֹר לִירֵאָיו: כְּפִירִים רָשׁוּ

16 וְרָעֵבוּ וְדֹרְשֵׁי יְיָ לֹא יַחְסְרוּ כָל־טוֹב: הוֹדוּ לַיְיָ כִּי טוֹב כִּי

Rebuild Jerusalem, the holy city, speedily in our days. Blessed are You, O Lord, Who in His mercies will rebuild Jerusalem. Amen.

Blessed are You, Lord our God, Ruler of the universe, God our Father, our King, our Mighty One, our Creator, our Redeemer, our Maker, our Holy One, the Holy One of Jacob, our Shepherd and Shepherd of Israel, the good King Who does good to all. Every day He has done good to us, and so may He continue to do good to us forever. He has dealt bountifully with us, and so may He ever continue to do with grace, lovingkindness and mercy, comfort, help, prosperity, blessing, salvation, consolation, sustenance and support, in life and peace and all that is good. And may He never withhold from us anything good.

May the Merciful One rule over us forever.
May the Merciful One be blessed in heaven and on earth.
May the Merciful One be praised throughout all generations, and be glorified and honored by us for all eternity.
May the Merciful One grant that we support ourselves in dignity.
May the Merciful One break the oppressor's yoke from our neck and lead us proudly to our own land.
May the Merciful One send abundant blessing upon this house and upon this table from which we have eaten.
May the Merciful One send us the prophet Elijah, of blessed memory, who will bring us good tidings, salvation and comfort.

וּבְנֵה יְרוּשָׁלַיִם עִיר הַקֹּדֶשׁ בִּמְהֵרָה בְיָמֵינוּ: בָּרוּךְ אַתָּה יְיָ, בּוֹנֵה בְרַחֲמָיו יְרוּשָׁלָיִם. אָמֵן:

בָּרוּךְ אַתָּה יְיָ, אֱלֹהֵינוּ מֶלֶךְ הָעוֹלָם, הָאֵל אָבִינוּ, מַלְכֵּנוּ, אַדִּירֵנוּ, בּוֹרְאֵנוּ, גּוֹאֲלֵנוּ, יוֹצְרֵנוּ, קְדוֹשֵׁנוּ, קְדוֹשׁ יַעֲקֹב. רוֹעֵנוּ רוֹעֵה יִשְׂרָאֵל. הַמֶּלֶךְ הַטּוֹב, וְהַמֵּטִיב לַכֹּל, שֶׁבְּכָל־יוֹם וָיוֹם הוּא הֵיטִיב, הוּא מֵטִיב, הוּא יֵיטִיב לָנוּ: הוּא גְמָלָנוּ. הוּא גוֹמְלֵנוּ. הוּא יִגְמְלֵנוּ לָעַד, לְחֵן וּלְחֶסֶד, וּלְרַחֲמִים וּלְרֶוַח, הַצָּלָה וְהַצְלָחָה, בְּרָכָה וִישׁוּעָה, נֶחָמָה, פַּרְנָסָה וְכַלְכָּלָה, וְרַחֲמִים, וְחַיִּים וְשָׁלוֹם, וְכָל־טוֹב, וּמִכָּל־טוּב לְעוֹלָם אַל יְחַסְּרֵנוּ: הָרַחֲמָן, הוּא יִמְלוֹךְ עָלֵינוּ לְעוֹלָם וָעֶד: הָרַחֲמָן, הוּא יִתְבָּרַךְ בַּשָּׁמַיִם וּבָאָרֶץ: הָרַחֲמָן הוּא יִשְׁתַּבַּח לְדוֹר דּוֹרִים, וְיִתְפָּאַר בָּנוּ לָעַד וּלְנֵצַח נְצָחִים וְיִתְהַדַּר בָּנוּ לָעַד וּלְעוֹלְמֵי עוֹלָמִים: הָרַחֲמָן, הוּא יְפַרְנְסֵנוּ בְּכָבוֹד: הָרַחֲמָן הוּא יִשְׁבּוֹר עֻלֵּנוּ מֵעַל צַוָּארֵנוּ, וְהוּא יוֹלִיכֵנוּ קוֹמְמִיּוּת לְאַרְצֵנוּ: הָרַחֲמָן, הוּא יִשְׁלַח לָנוּ, בְּרָכָה מְרֻבָּה בַּבַּיִת הַזֶּה, וְעַל שֻׁלְחָן זֶה שֶׁאָכַלְנוּ עָלָיו: הָרַחֲמָן הוּא יִשְׁלַח לָנוּ אֶת־אֵלִיָּהוּ הַנָּבִיא זָכוּר לַטּוֹב, וִיבַשֶּׂר־לָנוּ בְּשׂוֹרוֹת טוֹבוֹת יְשׁוּעוֹת וְנֶחָמוֹת: הָרַחֲמָן הוּא יְבָרֵךְ (אם יש לו אב ואם יאמר) אֶת־אָבִי מוֹרִי בַּעַל הַבַּיִת הַזֶּה, וְאֶת־אִמִּי מוֹרָתִי, בַּעֲלַת הַבַּיִת הַזֶּה. אוֹתָם וְאֶת־בֵּיתָם, וְאֶת־זַרְעָם

and Father, tend us and provide for us, support and sustain us, and give us speedy relief, O Lord our God, from all our troubles. And may we, O Lord our God, never be brought to depend on gifts or loans from the hands of flesh and blood, but only on Your hand, full, open, abundant and generous, so that we may never be put to shame.

The following paragraph is said on the Sabbath:

By Your grace, O Lord our God, strengthen us in Your commandments, especially in the observance of the seventh day, this great and holy Sabbath. For it is a great and holy day given by You in love for rest and serenity. May it be Your will, O Lord our God, to grant us such repose that there shall be no trouble, sorrow or grief on our day of rest. And, may we, O Lord our God, see Zion, Your City, comforted, and Jerusalem, Your holy city, rebuilt, for You are the God of salvation and consolation.

Our God and God of our ancestors, on this day of the Festival of Passover, may there come before You the remembrance of us and of our ancestors, of the anointed heir of David Your servant, of Jerusalem, Your holy city, and of all Your people, the house of Israel. May these come before You, and in tenderness, grace and mercy be heard and accepted with favor by You for life and peace, for deliverance and happiness. O Lord our God, remember us this day for happiness, for blessing and a good life. With Your promise of salvation and mercy have pity on us and save us. Our eyes are turned towards You, for You are a gracious and merciful God and King.

1 זוּנֵנוּ פַּרְנְסֵנוּ וְכַלְכְּלֵנוּ וְהַרְוִיחֵנוּ וְהַרְוַח לָנוּ יְיָ אֱלֹהֵינוּ מְהֵרָה

2 מִכָּל־צָרוֹתֵינוּ וְנָא אַל תַּצְרִיכֵנוּ יְיָ אֱלֹהֵינוּ לֹא לִידֵי מַתְּנַת בָּשָׂר

3 וָדָם וְלֹא לִידֵי הַלְוָאָתָם. כִּי אִם לְיָדְךָ הַמְּלֵאָה הַפְּתוּחָה

4 הַקְּדוֹשָׁה וְהָרְחָבָה שֶׁלֹּא נֵבוֹשׁ וְלֹא נִכָּלֵם לְעוֹלָם וָעֶד:

The following paragraph is said on the Sabbath:

5 רְצֵה וְהַחֲלִיצֵנוּ יְיָ אֱלֹהֵינוּ בְּמִצְוֹתֶיךָ וּבְמִצְוַת יוֹם הַשְּׁבִיעִי.

6 הַשַּׁבָּת הַגָּדוֹל וְהַקָּדוֹשׁ הַזֶּה. כִּי יוֹם זֶה גָּדוֹל וְקָדוֹשׁ הוּא לְפָנֶיךָ

7 לִשְׁבָּת בּוֹ וְלָנוּחַ בּוֹ בְּאַהֲבָה כְּמִצְוַת רְצוֹנֶךָ: וּבִרְצוֹנְךָ הָנַח

8 לָנוּ יְיָ אֱלֹהֵינוּ שֶׁלֹּא תְהֵא צָרָה וְיָגוֹן וַאֲנָחָה בְּיוֹם מְנוּחָתֵנוּ.

9 וְהַרְאֵנוּ יְיָ אֱלֹהֵינוּ בְּנֶחָמַת צִיּוֹן עִירֶךָ וּבְבִנְיַן יְרוּשָׁלַיִם עִיר

10 קָדְשֶׁךָ. כִּי אַתָּה הוּא בַּעַל הַיְשׁוּעוֹת וּבַעַל הַנֶּחָמוֹת:

11 אֱלֹהֵינוּ וֵאלֹהֵי אֲבוֹתֵינוּ, יַעֲלֶה וְיָבֹא, וְיַגִּיעַ, וְיֵרָאֶה, וְיֵרָצֶה

12 וְיִשָּׁמַע וְיִפָּקֵד וְיִזָּכֵר זִכְרוֹנֵנוּ וּפִקְדוֹנֵנוּ וְזִכְרוֹן אֲבוֹתֵינוּ. וְזִכְרוֹן

13 מָשִׁיחַ בֶּן דָּוִד עַבְדֶּךָ: וְזִכְרוֹן יְרוּשָׁלַיִם עִיר קָדְשֶׁךָ. וְזִכְרוֹן

14 כָּל־עַמְּךָ בֵּית יִשְׂרָאֵל לְפָנֶיךָ. לִפְלֵיטָה לְטוֹבָה לְחֵן וּלְחֶסֶד

15 וּלְרַחֲמִים לְחַיִּים וּלְשָׁלוֹם בְּיוֹם חַג הַמַּצּוֹת הַזֶּה. זָכְרֵנוּ יְיָ אֱלֹהֵינוּ

16 בּוֹ לְטוֹבָה וּפָקְדֵנוּ בוֹ לִבְרָכָה. וְהוֹשִׁיעֵנוּ בוֹ לְחַיִּים טוֹבִים.

17 וּבִדְבַר יְשׁוּעָה וְרַחֲמִים חוּס וְחָנֵּנוּ. וְרַחֵם עָלֵינוּ וְהוֹשִׁיעֵנוּ כִּי

18 אֵלֶיךָ עֵינֵינוּ. כִּי אֵל מֶלֶךְ חַנּוּן וְרַחוּם אָתָּה:

Blessed be He, and blessed be His name.

Blessed are You, Lord our God, Ruler of the universe,
Who provides food for the whole world in His goodness,
with grace, lovingkindness and mercy. "He gives good to
all, for His mercy endures forever." In His great goodness
He has never failed us with sustenance and may He never
fail us, forever and ever, for the sake of His great name. It
is He Who provides for all, sustains all and is beneficent to
all, preparing food for all His creatures whom He has
created. Blessed are You, O Lord, Who provides food for
all.

We thank You, O Lord our God, for the goodly land
which You gave to our ancestors; and for bringing us out,
O Lord our God, from the land of Egypt, and redeeming
us from the house of bondage; and for Your covenant,
sealed in our flesh; and for Your Torah which You taught
us; and for Your laws which You made known to us; and
for the life, grace and lovingkindness which You have be-
stowed upon us; and for the food we eat, which you pro-
vide, and with which You sustain us continually, every day,
and at every season, and at every hour.

For all this, O Lord our God, we thank You and bless
you. May Your name be blessed by the lips of all the living,
continually and for all time, as it is written: "When you
have eaten and are sated, you shall bless the Lord your
God for the good land which He has given you." Blessed
are You, O Lord, for the land and for our sustenance.

Have mercy, O Lord our God, on Israel Your people, on
Jerusalem Your city, and Zion, the dwelling place of Your
glory, on the royal house of David, Your anointed, and on
the great and holy Temple called by Your name. Our God

1 בָּרוּךְ הוּא וּבָרוּךְ שְׁמוֹ.

2 בָּרוּךְ אַתָּה יְיָ אֱלֹהֵינוּ מֶלֶךְ הָעוֹלָם הַזָּן אֶת הָעוֹלָם כֻּלּוֹ

3 בְּטוּבוֹ בְּחֵן בְּחֶסֶד וּבְרַחֲמִים הוּא נוֹתֵן לֶחֶם לְכָל־בָּשָׂר כִּי

4 לְעוֹלָם חַסְדּוֹ: וּבְטוּבוֹ הַגָּדוֹל תָּמִיד לֹא חָסַר לָנוּ וְאַל יֶחְסַר

5 לָנוּ מָזוֹן לְעוֹלָם וָעֶד: בַּעֲבוּר שְׁמוֹ הַגָּדוֹל כִּי הוּא אֵל זָן וּמְפַרְנֵס

6 לַכֹּל וּמֵיטִיב לַכֹּל וּמֵכִין מָזוֹן לְכָל בְּרִיּוֹתָיו אֲשֶׁר בָּרָא. בָּרוּךְ

7 אַתָּה יְיָ הַזָּן אֶת־הַכֹּל:

8 נוֹדֶה לְךָ יְיָ אֱלֹהֵינוּ עַל שֶׁהִנְחַלְתָּ לַאֲבוֹתֵינוּ אֶרֶץ חֶמְדָּה

9 טוֹבָה וּרְחָבָה וְעַל שֶׁהוֹצֵאתָנוּ יְיָ אֱלֹהֵינוּ מֵאֶרֶץ מִצְרַיִם וּפְדִיתָנוּ

10 מִבֵּית עֲבָדִים וְעַל בְּרִיתְךָ שֶׁחָתַמְתָּ בִּבְשָׂרֵנוּ וְעַל תּוֹרָתְךָ

11 שֶׁלִּמַּדְתָּנוּ וְעַל חֻקֶּיךָ שֶׁהוֹדַעְתָּנוּ וְעַל חַיִּים חֵן וָחֶסֶד שֶׁחוֹנַנְתָּנוּ

12 וְעַל אֲכִילַת מָזוֹן שָׁאַתָּה זָן וּמְפַרְנֵס אוֹתָנוּ תָּמִיד בְּכָל־יוֹם וּבְכָל־

13 עֵת וּבְכָל־שָׁעָה:

14 וְעַל הַכֹּל יְיָ אֱלֹהֵינוּ אֲנַחְנוּ מוֹדִים לָךְ וּמְבָרְכִים אוֹתָךְ

15 יִתְבָּרַךְ שִׁמְךָ בְּפִי כָל־חַי תָּמִיד לְעוֹלָם וָעֶד: כַּכָּתוּב וְאָכַלְתָּ

16 וְשָׂבָעְתָּ וּבֵרַכְתָּ אֶת־יְיָ אֱלֹהֶיךָ עַל הָאָרֶץ הַטֹּבָה אֲשֶׁר נָתַן לָךְ.

17 בָּרוּךְ אַתָּה יְיָ עַל הָאָרֶץ וְעַל הַמָּזוֹן:

18 רַחֶם־נָא יְיָ אֱלֹהֵינוּ עַל יִשְׂרָאֵל עַמֶּךָ וְעַל יְרוּשָׁלַיִם עִירֶךָ

19 וְעַל צִיּוֹן מִשְׁכַּן כְּבוֹדֶךָ וְעַל מַלְכוּת בֵּית דָּוִד מְשִׁיחֶךָ. וְעַל

20 הַבַּיִת הַגָּדוֹל וְהַקָּדוֹשׁ שֶׁנִּקְרָא שִׁמְךָ עָלָיו. אֱלֹהֵינוּ אָבִינוּ רְעֵנוּ

THE *SEDER* MEAL

AFTER THE MEAL, THE *AFIKOMAN* IS DISTRIBUTED TO ALL
Eat the Afikoman.
Fill the third cup of wine.

GRACE AFTER THE MEAL
(*Psalm* 126)

A Pilgrim Song.
  When the Lord brought the exiles back to Zion
We were as in a dream.
  Our mouth was filled with laughter,
And our tongue with song.
  They said among the nations:
"The Lord has done great things for them."
  Yes, the Lord did great things for us
And we are very happy.
  Restore our good fortune, O Lord,
As dry streams that flow again.
  They who sow in tears shall reap in joy.
Though the planter may weep
  As he carries seed to the field,
He will yet return with joy,
  Bearing the sheaves of grain.

*If three or more men are at the table, the Grace is preceded by the
following introductory phrases. When ten or more are present, the words
in brackets are added.*
The Leader: Let us say Grace.
All assembled: May the name of the Lord be blessed from
this time forth and for evermore.
Leader: With the permission of all present, let us bless Him
[our God] Whose food we have eaten.
All assembled: Blessed be He [our God] Whose food we have
eaten and in Whose goodness we live.
Leader repeats: Blessed be He [our God] Whose food we
have eaten and in Whose goodness we live.

10. שֻׁלְחָן עוֹרֵךְ.
THE *SEDER* MEAL
11. צָפוּן.
AFTER THE MEAL, THE *AFIKOMAN* IS DISTRIBUTED TO ALL
Eat the Afikoman.
Fill the third cup of wine.
12. בָּרֵךְ.
GRACE AFTER THE MEAL
(Psalm 126)

1 שִׁיר הַמַּעֲלוֹת. בְּשׁוּב יְיָ אֶת־שִׁיבַת צִיּוֹן. הָיִינוּ כְּחֹלְמִים:

2 אָז יִמָּלֵא שְׂחוֹק פִּינוּ וּלְשׁוֹנֵנוּ רִנָּה. אָז יֹאמְרוּ בַגּוֹיִם הִגְדִּיל יְיָ

3 לַעֲשׂוֹת עִם־אֵלֶּה: הִגְדִּיל יְיָ לַעֲשׂוֹת עִמָּנוּ הָיִינוּ שְׂמֵחִים: שׁוּבָה

4 יְיָ אֶת־שְׁבִיתֵנוּ כַּאֲפִיקִים בַּנֶּגֶב: הַזֹּרְעִים בְּדִמְעָה בְּרִנָּה יִקְצֹרוּ:

5 הָלוֹךְ יֵלֵךְ וּבָכֹה נֹשֵׂא מֶשֶׁךְ הַזָּרַע. בֹּא־יָבוֹא בְרִנָּה נֹשֵׂא אֲלֻמֹּתָיו:

6 הִנְנִי מוּכָן וּמְזֻמָּן לְקַיֵּם מִצְוַת עֲשֵׂה שֶׁל בִּרְכַּת הַמָּזוֹן. שֶׁנֶּאֱמַר: וְאָכַלְתָּ

7 וְשָׂבָעְתָּ וּבֵרַכְתָּ אֶת־יְיָ אֱלֹהֶיךָ. עַל־הָאָרֶץ הַטֹּבָה אֲשֶׁר נָתַן־לָךְ: לְשֵׁם

8 יִחוּד קוּדְשָׁא בְּרִיךְ הוּא וּשְׁכִינְתֵּיהּ עַל־יְדֵי הַהוּא טָמִיר וְנֶעְלָם בְּשֵׁם כָּל־

9 יִשְׂרָאֵל:

If three or more men are at the table, the Grace is preceded by the following introductory phrases. When ten or more are present, the words in brackets are added.

10 הַמְזַמֵּן אוֹמֵר: רַבּוֹתַי נְבָרֵךְ.

11 הַמְסֻבִּים עוֹנִים: יְהִי שֵׁם יְיָ מְבֹרָךְ מֵעַתָּה וְעַד עוֹלָם.

12 הַמְזַמֵּן: בִּרְשׁוּת מָרָנָן וְרַבּוֹתַי, נְבָרֵךְ [אֱלֹהֵינוּ] שֶׁאָכַלְנוּ מִשֶּׁלּוֹ.

13 הַמְסֻבִּים: בָּרוּךְ [אֱלֹהֵינוּ] שֶׁאָכַלְנוּ מִשֶּׁלּוֹ וּבְטוּבוֹ חָיִינוּ.

14 הַמְזַמֵּן: בָּרוּךְ [אֱלֹהֵינוּ] שֶׁאָכַלְנוּ מִשֶּׁלּוֹ וּבְטוּבוֹ חָיִינוּ.

MOTZI AND *MATZAH*

Say the two blessings over the Matzah:

Blessed are You, Lord our God, Ruler of the universe, Who brings forth bread from the earth.

Blessed are You, Lord our God, Ruler of the universe, Who sanctified us with His commandments, and commanded us to observe the eating ot *Matzah*.

Eat the Matzah.

BITTER HERBS

Dip bitter herbs in Haroseth *and say:*

Blessed are You, Lord our God, Ruler of the universe, Who sanctified us with His commandments, and commanded us to observe the eating of bitter herbs.

Eat the bitter herbs.

EATING THE BITTER HERBS AND *MATZAH* TOGETHER

Eat a sandwich of bitter herbs and Matzah *and say:*

In remembrance of the Temple, we do as Hillel did in Temple times: He put *Matzah* and bitter herbs together and ate them as a sandwich, in order to fulfill literally the words of the Torah: "They shall eat it (the Passover offering) with *Matzah* and bitter herbs."

7. **מוֹצִיא מַצָּה.** *MOTZI* AND *MATZAH*

1 הִנְנִי מוּכָן וּמְזֻמָּן לְקַיֵּם מִצְוַת אֲכִילַת מַצָּה, לְשֵׁם יְחוּד קוּדְשָׁא בְּרִיךְ הוּא

2 וּשְׁכִינְתֵּיהּ עַל־יְדֵי הַהוּא טָמִיר וְנֶעֱלָם בְּשֵׁם כָּל־יִשְׂרָאֵל:

Say the two blessings over the Matzah:

3 בָּרוּךְ אַתָּה יְיָ, אֱלֹהֵינוּ מֶלֶךְ הָעוֹלָם, הַמּוֹצִיא לֶחֶם מִן

4 הָאָרֶץ:

5 בָּרוּךְ אַתָּה יְיָ, אֱלֹהֵינוּ מֶלֶךְ הָעוֹלָם, אֲשֶׁר קִדְּשָׁנוּ בְּמִצְוֹתָיו

6 וְצִוָּנוּ עַל אֲכִילַת מַצָּה:

Eat the Matzah.

8. **מָרוֹר.** BITTER HERBS

Dip bitter herbs in Haroseth *and say:*

7 הִנְנִי מוּכָן וּמְזֻמָּן לְקַיֵּם מִצְוַת אֲכִילַת מָרוֹר, לְשֵׁם יְחוּד קוּדְשָׁא בְּרִיךְ־הוּא

8 וּשְׁכִינְתֵּיהּ עַל־יְדֵי הַהוּא טָמִיר וְנֶעֱלָם בְּשֵׁם כָּל יִשְׂרָאֵל:

9 בָּרוּךְ אַתָּה יְיָ אֱלֹהֵינוּ מֶלֶךְ הָעוֹלָם, אֲשֶׁר קִדְּשָׁנוּ בְּמִצְוֹתָיו

10 וְצִוָּנוּ עַל אֲכִילַת מָרוֹר: *Eat the bitter herbs.*

9. **כּוֹרֵךְ.**

EATING THE BITTER HERBS AND *MATZAH* TOGETHER

Eat a sandwich of bitter herbs and Matzah *and say:*

11 זֵכֶר לְמִקְדָּשׁ כְּהִלֵּל: כֵּן עָשָׂה הִלֵּל בִּזְמַן שֶׁבֵּית הַמִּקְדָּשׁ

12 הָיָה קַיָּם. הָיָה כּוֹרֵךְ מַצָּה וּמָרוֹר וְאוֹכֵל בְּיַחַד. לְקַיֵּם מַה

13 שֶׁנֶּאֱמַר: עַל־מַצּוֹת וּמְרוֹרִים יֹאכְלֻהוּ:

THE SECOND CUP

Blessed are You, Lord our God, Ruler of the universe, Creator of the fruit of the vine.

Drink the second cup of wine.

WASHING THE HANDS

Wash the hands and say:

Blessed are You, Lord our God, Ruler of the universe, Who sanctified us with His commandments, and commanded us to observe the washing of the hands.

THE SECOND CUP

1 הִנְנִי מוּכָן וּמְזֻמָּן לְקַיֵּם מִצְוַת כּוֹס שְׁנִיָּה מֵאַרְבַּע כּוֹסוֹת לְשֵׁם יִחוּד קוּדְשָׁא

2 בְּרִיךְ הוּא וּשְׁכִינְתֵּיה עַל־יְדֵי הַהוּא טָמִיר וְנֶעְלָם בְּשֵׁם כָּל־יִשְׂרָאֵל.

3 בָּרוּךְ אַתָּה יְיָ, אֱלֹהֵינוּ מֶלֶךְ הָעוֹלָם,

4 בּוֹרֵא פְּרִי הַגָּפֶן:

Drink the second cup of wine.

6. רָחְצָה.

WASHING THE HANDS

Wash the hands and say:

5 בָּרוּךְ אַתָּה יְיָ אֱלֹהֵינוּ מֶלֶךְ

6 הָעוֹלָם, אֲשֶׁר קִדְּשָׁנוּ בְּמִצְוֹתָיו,

7 וְצִוָּנוּ עַל נְטִילַת יָדָיִם:

Supreme above all nations is the Lord;
   His glory is above the heavens.
Who is like the Lord our God,
   Enthroned on high,
Who looks down below
   On heaven and the earth?
He raises up the poor from the dust,
   Lifting the needy from the refuse-heap,
To seat them with princes,
   With the princes of His people.
He makes the childless woman
   A joyful mother of children.
Halleluyah — Praise the Lord.
              (*Psalm* 114)
When Israel went forth from Egypt,
   The house of Jacob from a people of strange tongue,
Judah became His sanctuary,
   Israel, His dominion.
The sea beheld and fled;
   The Jordan turned back in its course.
The mountains skipped like rams,
   The hills, like young lambs.
What ails you', O sea, that you flee,
   Jordan, that you turn back in your course,
You mountains, that you skip like rams,
   You hills, like young lambs?
Tremble, O earth, at the presence of the Lord,
   At the presence of the God of Jacob,
Who turns the rock into a pool of water,
   The flint into a flowing fountain.

Raise the cup of wine and say:

Blessed are You, Lord our God, Ruler of the universe, Who redeemed us and redeemed our ancestors from Egypt, and enabled us to reach this night, to eat thereon *Matzah* and bitter herbs. So may the Lord our God and God of our ancestors enable us to reach other holidays and festivals in peace, happy in the building of Your city Jerusalem, and joyful in Your service. There may we partake of the Passover offerings. We shall then sing unto You a new song of praise for our redemption and salvation. Blessed are You, O Lord, Who redeemed Israel.

1 שֵׁם יְיָ. רָם עַל־כָּל־גּוֹיִם יְיָ. עַל הַשָּׁמַיִם כְּבוֹדוֹ: מִי כַּיְיָ אֱלֹהֵינוּ.

2 הַמַּגְבִּיהִי לָשָׁבֶת: הַמַּשְׁפִּילִי לִרְאוֹת בַּשָּׁמַיִם וּבָאָרֶץ: מְקִימִי

3 מֵעָפָר דָּל. מֵאַשְׁפֹּת יָרִים אֶבְיוֹן: לְהוֹשִׁיבִי עִם־נְדִיבִים. עִם

4 נְדִיבֵי עַמּוֹ: מוֹשִׁיבִי עֲקֶרֶת הַבַּיִת אֵם הַבָּנִים שְׂמֵחָה. הַלְלוּיָהּ:

5 בְּצֵאת יִשְׂרָאֵל מִמִּצְרָיִם, בֵּית יַעֲקֹב מֵעַם לֹעֵז: הָיְתָה

6 יְהוּדָה לְקָדְשׁוֹ. יִשְׂרָאֵל מַמְשְׁלוֹתָיו: הַיָּם רָאָה וַיָּנֹס, הַיַּרְדֵּן

7 יִסֹּב לְאָחוֹר: הֶהָרִים רָקְדוּ כְאֵילִים. גְּבָעוֹת כִּבְנֵי־צֹאן: מַה־

8 לְּךָ הַיָּם כִּי תָנוּס. הַיַּרְדֵּן תִּסֹּב לְאָחוֹר: הֶהָרִים תִּרְקְדוּ כְאֵילִים.

9 גְּבָעוֹת כִּבְנֵי־צֹאן: מִלִּפְנֵי אָדוֹן חוּלִי אָרֶץ. מִלִּפְנֵי אֱלוֹהַּ יַעֲקֹב:

10 הַהֹפְכִי הַצּוּר אֲגַם־מָיִם. חַלָּמִישׁ לְמַעְיְנוֹ־מָיִם.

Raise the cup of wine and say:

11 בָּרוּךְ אַתָּה יְיָ, אֱלֹהֵינוּ מֶלֶךְ הָעוֹלָם, אֲשֶׁר גְּאָלָנוּ וְגָאַל

12 אֶת־אֲבוֹתֵינוּ מִמִּצְרַיִם, וְהִגִּיעָנוּ לַלַּיְלָה הַזֶּה, לֶאֱכָל־בּוֹ מַצָּה

13 וּמָרוֹר. כֵּן, יְיָ אֱלֹהֵינוּ וֵאלֹהֵי אֲבוֹתֵינוּ, יַגִּיעֵנוּ לְמוֹעֲדִים וְלִרְגָלִים

14 אֲחֵרִים, הַבָּאִים לִקְרָאתֵנוּ לְשָׁלוֹם. שְׂמֵחִים בְּבִנְיַן עִירֶךָ, וְשָׂשִׂים

15 בַּעֲבוֹדָתֶךָ, וְנֹאכַל שָׁם מִן הַזְּבָחִים וּמִן הַפְּסָחִים (במוצאי שבת

16 אומרים מִן הַפְּסָחִים וּמִן הַזְּבָחִים), אֲשֶׁר יַגִּיעַ דָּמָם, עַל קִיר

17 מִזְבַּחֲךָ לְרָצוֹן, וְנוֹדֶה לְךָ שִׁיר חָדָשׁ עַל גְּאֻלָּתֵנוּ, וְעַל פְּדוּת

18 נַפְשֵׁנוּ: בָּרוּךְ אַתָּה יְיָ, גָּאַל יִשְׂרָאֵל:

because of what the Lord did for me when I came forth
from Egypt.'" It was not our ancestors alone whom the
Holy One, blessed be He, redeemed; He redeemed us too,
with them, as it is written: "He brought us out from there
that He might lead us to, and give us, the land which He
had promised to our ancestors."

Raise the cup of wine and say:

It is our duty, therefore, to thank and to praise, to glorify
and to extol Him Who performed all these wonders for
our ancestors and for us. He took us out from slavery to
freedom, from sorrow to joy, from mourning to festivity,
from darkness to great light, and from bondage to re-
demption. Let us, therefore, sing before Him a new song.
Halleluyah. Praise the Lord.

Put down the cup and continue:

PSALMS OF PRAISE
(Psalm 113)
Halleluyah — Praise the Lord.
Praise, you servants of the Lord,
    Praise the name of the Lord.
Blessed be the name of the Lord
    From this time forth and for evermore.
From the rising of the sun to its going down,
    Praised be the name of the Lord.

1 לֵאמֹר: בַּעֲבוּר זֶה עָשָׂה יְיָ לִי,

2 בְּצֵאתִי מִמִּצְרָיִם. לֹא אֶת־אֲבוֹתֵינוּ

3 בִּלְבָד, גָּאַל הַקָּדוֹשׁ בָּרוּךְ הוּא,

4 אֶלָּא אַף אוֹתָנוּ גָּאַל עִמָּהֶם, שֶׁנֶּאֱמַר:

5 וְאוֹתָנוּ הוֹצִיא מִשָּׁם, לְמַעַן הָבִיא

6 אֹתָנוּ, לָתֶת לָנוּ אֶת־הָאָרֶץ אֲשֶׁר

7 נִשְׁבַּע לַאֲבֹתֵינוּ.

Raise the cup of wine and say:

8 לְפִיכָךְ אֲנַחְנוּ חַיָּבִים לְהוֹדוֹת, לְהַלֵּל, לְשַׁבֵּחַ, לְפָאֵר,

9 לְרוֹמֵם, לְהַדֵּר, לְבָרֵךְ, לְעַלֵּה וּלְקַלֵּס, לְמִי שֶׁעָשָׂה לַאֲבוֹתֵינוּ

10 וְלָנוּ אֶת־כָּל־הַנִּסִּים הָאֵלֶּה. הוֹצִיאָנוּ מֵעַבְדוּת לְחֵרוּת, מִיָּגוֹן

11 לְשִׂמְחָה, מֵאֵבֶל לְיוֹם טוֹב, וּמֵאֲפֵלָה לְאוֹר גָּדוֹל, וּמִשִּׁעְבּוּד

12 לִגְאֻלָּה. וְנֹאמַר לְפָנָיו שִׁירָה חֲדָשָׁה. הַלְלוּיָהּ:

Put down the cup and continue:

13 הַלְלוּיָהּ. הַלְלוּ עַבְדֵי יְיָ. הַלְלוּ אֶת־שֵׁם יְיָ. יְהִי שֵׁם יְיָ

14 מְבֹרָךְ מֵעַתָּה וְעַד עוֹלָם: מִמִּזְרַח שֶׁמֶשׁ עַד מְבוֹאוֹ. מְהֻלָּל

out of Egypt and they could not tarry; nor had they pre-
pared any provisions for themselves."

Point to the bitter herbs:

These bitter herbs which we eat — what is their meaning?
It is because the Egyptians embittered the lives of our an-
cestors in Egypt, as it is written: "And they embittered
their lives with hard labor, with mortar and bricks, and
with every kind of work in the fields; all the work which
they made them do was cruel."

In every generation one must see oneself as though hav-
ing personally come forth from Egypt, as it is written:
"And you shall tell your child on that day, 'This is done

1 חָמֵץ; כִּי גֹרְשׁוּ מִמִּצְרַיִם, וְלֹא יָכְלוּ

2 לְהִתְמַהְמֵהַ, וְגַם צֵדָה לֹא עָשׂוּ לָהֶם.

Point to the bitter herbs:

3 מָרוֹר זֶה שֶׁאָנוּ אוֹכְלִים, עַל שׁוּם

4 מָה? עַל שׁוּם שֶׁמֵּרְרוּ הַמִּצְרִים אֶת־

5 חַיֵּי אֲבוֹתֵינוּ בְּמִצְרָיִם, שֶׁנֶּאֱמַר:

6 וַיְמָרְרוּ אֶת־חַיֵּיהֶם בַּעֲבֹדָה קָשָׁה,

7 בְּחֹמֶר וּבִלְבֵנִים, וּבְכָל־עֲבֹדָה

8 בַּשָּׂדֶה; אֵת כָּל־עֲבֹדָתָם, אֲשֶׁר

9 עָבְדוּ בָהֶם בְּפָרֶךְ.

10 בְּכָל־דּוֹר וָדוֹר חַיָּב אָדָם לִרְאוֹת

11 אֶת־עַצְמוֹ, כְּאִלּוּ הוּא יָצָא מִמִּצְרַיִם,

12 שֶׁנֶּאֱמַר: וְהִגַּדְתָּ לְבִנְךָ בַּיּוֹם הַהוּא

of the children of Israel in Egypt, when He smote the
Egyptians, and spared our houses.' And the people bowed
their heads and worshipped."

Point to the Matzah:

This *Matzah* which we eat, what is the reason for it? It is
because there was not enough time for the dough of our
ancestors to rise when the King of all kings, the Holy One,
blessed be He, revealed Himself to them and redeemed
them, as it is written: "And they baked the dough which
they had brought out from Egypt into cakes of unleavened
bread; for it had not leavened, because they were driven

1 פֶּסַח הוּא לַיְיָ, אֲשֶׁר פָּסַח עַל בָּתֵּי

2 בְּנֵי יִשְׂרָאֵל בְּמִצְרַיִם, בְּנָגְפּוֹ אֶת־

3 מִצְרַיִם וְאֶת־בָּתֵּינוּ הִצִּיל, וַיִּקֹּד

4 הָעָם וַיִּשְׁתַּחֲווּ.

Point to the Matzah:

5 מַצָּה זוֹ שֶׁאָנוּ אוֹכְלִים,

6 עַל שׁוּם מָה? עַל שׁוּם

7 שֶׁלֹּא הִסְפִּיק בְּצֵקָם

8 שֶׁל אֲבוֹתֵינוּ לְהַחֲמִיץ,

9 עַד שֶׁנִּגְלָה עֲלֵיהֶם מֶלֶךְ מַלְכֵי

10 הַמְּלָכִים, הַקָּדוֹשׁ בָּרוּךְ הוּא, וּגְאָלָם,

11 שֶׁנֶּאֱמַר: וַיֹּאפוּ אֶת־הַבָּצֵק, אֲשֶׁר

12 הוֹצִיאוּ מִמִּצְרַיִם, עֻגֹת מַצּוֹת, כִּי לֹא

And brought us to Mount Sinai,

And gave us the Torah,

And brought us into the Land of Israel,

And built the Temple for us,

Where we could atone for all our sins.

Rabban Gamliel used to say: Whoever does not explain the following three symbols on Passover has not fulfilled his duty:

PESAH, THE PASSOVER OFFERING
MATZAH, THE UNLEAVENED BREAD
MAROR, THE BITTER HERBS

Point to the shank bone:

The Passover offering which our ancestors ate in Temple days, what was the reason for it? It was because the Holy One, blessed be He, passed over the houses of our ancestors in Egypt, as it is written: "And you shall say, 'It is the Passover offering to the Lord, Who passed over the houses

1 וְקֵרְבָנוּ לִפְנֵי הַר סִינַי,

2 וְנָתַן לָנוּ אֶת־הַתּוֹרָה,

3 וְהִכְנִיסָנוּ לְאֶרֶץ יִשְׂרָאֵל,

4 וּבָנָה לָנוּ אֶת־בֵּית הַבְּחִירָה

5 לְכַפֵּר עַל־כָּל־עֲוֹנוֹתֵינוּ.

6 רַבָּן גַּמְלִיאֵל הָיָה אוֹמֵר: כָּל

7 שֶׁלֹּא אָמַר שְׁלֹשָׁה דְבָרִים אֵלּוּ

8 בַּפֶּסַח, לֹא יָצָא יְדֵי חוֹבָתוֹ, וְאֵלּוּ

9 הֵן:

10 פֶּסַח. מַצָּה וּמָרוֹר:

Point to the shank bone:

11 פֶּסַח שֶׁהָיוּ אֲבוֹתֵינוּ אוֹכְלִים,

12 בִּזְמַן שֶׁבֵּית הַמִּקְדָּשׁ הָיָה קַיָּם, עַל

13 שׁוּם מָה? עַל שׁוּם שֶׁפָּסַח הַקָּדוֹשׁ

14 בָּרוּךְ הוּא, עַל בָּתֵּי אֲבוֹתֵינוּ

15 בְּמִצְרָיִם, שֶׁנֶּאֱמַר: וַאֲמַרְתֶּם זֶבַח

Had He given us the Sabbath
And not brought us to Mount Sinai,
  It would have been enough! DAYENU!
Had He brought us to Mount Sinai
And not given us the Torah,
  It would have been enough! DAYENU!
Had He given us the Torah
And not brought us into the Land of Israel,
  It would have been enough! DAYENU!
Had He brought us into the Land of Israel
And not built the Temple for us,
  It would have been enough! DAYENU!

How much more so, multiplied many times, are the favors
that God has bestowed upon us!

He brought us out from Egypt,

And executed judgment against them,

And destroyed their idols,

And slew their first-born,

And gave us their possessions,

And divided the sea for us,

And brought us through it dry-shod,

And drowned our oppressors in it,

And sustained us in the wilderness forty years,

And fed us manna,

And gave us the Sabbath,

1 אִלּוּ נָתַן לָנוּ אֶת־הַשַּׁבָּת,

2 וְלֹא קֵרְבָנוּ לִפְנֵי הַר סִינַי, דַּיֵּנוּ:

3 אִלּוּ קֵרְבָנוּ לִפְנֵי הַר סִינַי,

4 וְלֹא נָתַן לָנוּ אֶת־הַתּוֹרָה, דַּיֵּנוּ:

5 אִלּוּ נָתַן לָנוּ אֶת־הַתּוֹרָה,

6 וְלֹא הִכְנִיסָנוּ לְאֶרֶץ יִשְׂרָאֵל, דַּיֵּנוּ:

7 אִלּוּ הִכְנִיסָנוּ לְאֶרֶץ יִשְׂרָאֵל,

8 וְלֹא בָנָה לָנוּ אֶת־בֵּית הַבְּחִירָה, דַּיֵּנוּ:

9 עַל אַחַת כַּמָּה וְכַמָּה טוֹבָה כְפוּלָה וּמְכֻפֶּלֶת לַמָּקוֹם

10 עָלֵינוּ:

11 שֶׁהוֹצִיאָנוּ מִמִּצְרַיִם,

12 וְעָשָׂה בָהֶם שְׁפָטִים,

13 וְעָשָׂה בֵאלֹהֵיהֶם,

14 וְהָרַג אֶת־בְּכוֹרֵיהֶם,

15 וְנָתַן לָנוּ אֶת־מָמוֹנָם,

16 וְקָרַע לָנוּ אֶת־הַיָּם,

17 וְהֶעֱבִירָנוּ בְּתוֹכוֹ בֶּחָרָבָה,

18 וְשִׁקַּע צָרֵינוּ בְּתוֹכוֹ,

19 וְסִפֵּק צָרְכֵּנוּ בַּמִּדְבָּר אַרְבָּעִים שָׁנָה,

20 וְהֶאֱכִילָנוּ אֶת־הַמָּן,

21 וְנָתַן לָנוּ אֶת־הַשַּׁבָּת,

DAYENU

How many favors has God bestowed upon us!

Had He brought us out from Egypt
  And not executed judgment against them,
    It would have been enough! DAYENU!

Had He executed judgment against them
  And not destroyed their idols,
    It would have been enough! DAYENU!

Had He destroyed their idols
  And not slain their first-born,
    It would have been enough! DAYENU!

Had He slain their first-born
  And not given us their possessions,
    It would have been enough! DAYENU!

Had He given us their possessions,
  And not divided the sea for us,
    It would have been enough! DAYENU!

Had He divided the sea for us
  And not brought us through it dry-shod,
    It would have been enough! DAYENU!

Had He brought us through it dry-shod
  And not drowned our oppressors in it,
    It would have been enough! DAYENU!

Had He drowned our oppressors in it
  And not sustained us in the wilderness forty years,
    It would have been enough! DAYENU!

Had He sustained us in the wilderness forty years
  And not fed us manna,
    It would have been enough! DAYENU!

Had He fed us manna
  And not given us the Sabbath,
    It would have been enough! DAYENU!

כַּמָּה מַעֲלוֹת טוֹבוֹת לַמָּקוֹם עָלֵינוּ:

אִלּוּ הוֹצִיאָנוּ מִמִּצְרַיִם,
וְלֹא עָשָׂה בָהֶם שְׁפָטִים, דַּיֵּנוּ:
אִלּוּ עָשָׂה בָהֶם שְׁפָטִים,
וְלֹא עָשָׂה בֵאלֹהֵיהֶם, דַּיֵּנוּ:
אִלּוּ עָשָׂה בֵאלֹהֵיהֶם,
וְלֹא הָרַג אֶת־בְּכוֹרֵיהֶם, דַּיֵּנוּ:
אִלּוּ הָרַג אֶת־בְּכוֹרֵיהֶם,
וְלֹא נָתַן לָנוּ אֶת־מָמוֹנָם, דַּיֵּנוּ:
אִלּוּ נָתַן לָנוּ אֶת־מָמוֹנָם,
וְלֹא קָרַע לָנוּ אֶת־הַיָּם, דַּיֵּנוּ:
אִלּוּ קָרַע לָנוּ אֶת־הַיָּם,
וְלֹא הֶעֱבִירָנוּ בְתוֹכוֹ בֶּחָרָבָה דַּיֵּנוּ:
אִלּוּ הֶעֱבִירָנוּ בְתוֹכוֹ בֶּחָרָבָה,
וְלֹא שִׁקַּע צָרֵינוּ בְּתוֹכוֹ, דַּיֵּנוּ:
אִלּוּ שִׁקַּע צָרֵינוּ בְּתוֹכוֹ,
וְלֹא סִפֵּק צָרְכֵּנוּ בַּמִּדְבָּר אַרְבָּעִים שָׁנָה, דַּיֵּנוּ:
אִלּוּ סִפֵּק צָרְכֵּנוּ בַּמִּדְבָּר אַרְבָּעִים שָׁנָה,
וְלֹא הֶאֱכִילָנוּ אֶת־הַמָּן, דַּיֵּנוּ:
אִלּוּ הֶאֱכִילָנוּ אֶת־הַמָּן,
וְלֹא נָתַן לָנוּ אֶת־הַשַּׁבָּת, דַּיֵּנוּ:

Rabbi Yosé the Galilean said: How can you demonstrate that following the ten plagues in Egypt the Egyptians were smitten with fifty plagues at the Red Sea? Of one of the plagues in Egypt it is written, "The soothsayers said to Pharaoh, 'This is the finger of God,' " while at the Red Sea it is written, "And Israel saw the great hand which the Lord had shown against Egypt, and the people feared the Lord and believed in the Lord and in His servant Moses." If one finger of God in Egypt caused ten plagues, we may conclude that the whole hand of God at the Red Sea caused fifty plagues.

Rabbi Eliezer said: How can you prove that every plague which the Holy One, blessed be He, brought upon the Egyptians in Egypt was fourfold in character? It is written: "He sent against the Egyptians in His burning anger, wrath, indignation, trouble, and the messengers of evil." "Wrath" is one; "indignation" — two; "trouble" — three; "the messengers of evil" — four. If, then, in Egypt they were smitten with ten fourfold plagues, making forty, then following the earlier interpretation, at the Red Sea they suffered two hundred plagues.

Rabbi Akiba said: How can you show that every plague which the Holy One, blessed be He, brought upon the Egyptians in Egypt was fivefold in character? It is written: "He sent against the Egyptians in His burning anger, wrath, indignation, trouble, and the messengers of evil." "His burning anger" is one; "wrath" — two; "indignation" — three; "trouble" — four; "the messengers of evil" — five. Thus, if in Egypt they were smitten with ten fivefold plagues, making fifty, then at the Red Sea they suffered two hundred and fifty plagues.

רַבִּי יוֹסֵי הַגְּלִילִי אוֹמֵר: מִנַּיִן אַתָּה אוֹמֵר, שֶׁלָּקוּ הַמִּצְרִים בְּמִצְרַיִם עֶשֶׂר מַכּוֹת, וְעַל הַיָּם, לָקוּ חֲמִשִּׁים מַכּוֹת. בְּמִצְרַיִם מַה הוּא אוֹמֵר: וַיֹּאמְרוּ הַחַרְטֻמִּם אֶל־פַּרְעֹה, אֶצְבַּע אֱלֹהִים הִוא. וְעַל הַיָּם מַה הוּא אוֹמֵר. וַיַּרְא יִשְׂרָאֵל אֶת־הַיָּד הַגְּדֹלָה, אֲשֶׁר עָשָׂה יְיָ בְּמִצְרַיִם, וַיִּירְאוּ הָעָם אֶת־יְיָ. וַיַּאֲמִינוּ בַּייָ, וּבְמשֶׁה עַבְדּוֹ. כַּמָּה לָקוּ בְאֶצְבַּע, עֶשֶׂר מַכּוֹת: אֱמוֹר מֵעַתָּה, בְּמִצְרַיִם לָקוּ עֶשֶׂר מַכּוֹת, וְעַל־הַיָּם, לָקוּ חֲמִשִּׁים מַכּוֹת:

רַבִּי אֱלִיעֶזֶר אוֹמֵר: מִנַּיִן שֶׁכָּל־מַכָּה וּמַכָּה, שֶׁהֵבִיא הַקָּדוֹשׁ בָּרוּךְ הוּא עַל הַמִּצְרִים בְּמִצְרַיִם, הָיְתָה שֶׁל אַרְבַּע מַכּוֹת. שֶׁנֶּאֱמַר: יְשַׁלַּח־בָּם חֲרוֹן אַפּוֹ, עֶבְרָה וָזַעַם וְצָרָה. מִשְׁלַחַת מַלְאֲכֵי רָעִים. עֶבְרָה אַחַת. וָזַעַם שְׁתַּיִם. וְצָרָה שָׁלֹשׁ. מִשְׁלַחַת מַלְאֲכֵי רָעִים אַרְבַּע: אֱמוֹר מֵעַתָּה, בְּמִצְרַיִם לָקוּ אַרְבָּעִים מַכּוֹת, וְעַל הַיָּם לָקוּ מָאתַיִם מַכּוֹת:

רַבִּי עֲקִיבָא אוֹמֵר: מִנַּיִן שֶׁכָּל־מַכָּה וּמַכָּה שֶׁהֵבִיא הַקָּדוֹשׁ בָּרוּךְ הוּא עַל הַמִּצְרִים בְּמִצְרַיִם, הָיְתָה שֶׁל חָמֵשׁ מַכּוֹת. שֶׁנֶּאֱמַר: יְשַׁלַּח־בָּם חֲרוֹן אַפּוֹ, עֶבְרָה וָזַעַם וְצָרָה. מִשְׁלַחַת מַלְאֲכֵי רָעִים. חֲרוֹן אַפּוֹ אַחַת. עֶבְרָה שְׁתַּיִם. וָזַעַם שָׁלֹשׁ. וְצָרָה אַרְבַּע. מִשְׁלַחַת מַלְאֲכֵי רָעִים חָמֵשׁ: אֱמוֹר מֵעַתָּה, בְּמִצְרַיִם לָקוּ חֲמִשִּׁים מַכּוֹת, וְעַל הַיָּם לָקוּ חֲמִשִּׁים וּמָאתַיִם מַכּוֹת:

Rabbi Judah would refer to the ten plagues by their He-
brew initials —

Spill three drops of wine:

D'TZAKH   ADASH   B'AHAV

1 רַבִּי יְהוּדָה הָיָה נוֹתֵן בָּהֶם סִמָּנִים:

Spill three drops of wine:

2 דְּצַ״ךְ עֲדַ״שׁ בְּאַחַ״ב:

Spill a drop of wine for each of the ten plagues:

1. BLOOD

  2. FROGS

    3. VERMIN

      4. WILD BEASTS

        5. PESTILENCE

          6. BOILS

            7. HAIL

              8. LOCUSTS

                9. DARKNESS

                  10. SLAYING

                    OF THE

                      FIRST-BORN

Spill a drop of wine for each of the ten plagues:

1 דָּם. צְפַרְדֵּעַ. כִּנִּים. עָרוֹב. דֶּבֶר.

2 שְׁחִין. בָּרָד. אַרְבֶּה. חֹשֶׁךְ. מַכַּת

בְּכוֹרוֹת: 3

"And with an outstretched arm" — this means the sword, as it is written: "His sword drawn in his hand, outstretched over Jerusalem."

"And with great terror" — this means the Revelation of the Divine Presence, as it is written: "Has any god ever tried to go and remove one nation from the midst of another nation, with trials, with signs and with wonders, and with war, and with a strong hand and outstretched arm, and with great terrors, as the Lord your God did for you in Egypt before your eyes?"

"And with signs" — this refers to the rod, as it is written: "Take this rod in your hand, and with it perform the signs."

"And wonders" — this refers to the plague of blood, as it is written: "And I will show wonders in the heavens and on earth:

Spill three drops of wine, one for each of the disasters:

1. BLOOD   2. FIRE   3. AND PILLARS OF SMOKE.

Another interpretation of the verse is as follows: "With a strong hand" — means two plagues; "and with an outstretched arm" — two; "and with great terror" — two; "and with signs" — two; "and wonders" — two.
This refers to the ten plagues which the Holy One, blessed be He, brought upon the Egyptians in Egypt, and they are as follows:

וּבִזְרֹעַ נְטוּיָה. זוֹ הַחֶרֶב. כְּמָה שֶׁנֶּאֱמַר: וְחַרְבּוֹ שְׁלוּפָה בְּיָדוֹ, נְטוּיָה עַל־יְרוּשָׁלָיִם:

וּבְמֹרָא גָּדוֹל. זֶה גִּלּוּי שְׁכִינָה. כְּמָה שֶׁנֶּאֱמַר: אוֹ הֲנִסָּה אֱלֹהִים, לָבוֹא לָקַחַת לוֹ גוֹי מִקֶּרֶב גּוֹי, בְּמַסֹּת בְּאֹתֹת וּבְמוֹפְתִים וּבְמִלְחָמָה, וּבְיָד חֲזָקָה וּבִזְרוֹעַ נְטוּיָה, וּבְמוֹרָאִים גְּדֹלִים. כְּכֹל אֲשֶׁר־עָשָׂה לָכֶם יְיָ אֱלֹהֵיכֶם בְּמִצְרַיִם, לְעֵינֶיךָ:

וּבְאֹתוֹת. זֶה הַמַּטֶּה. כְּמָה שֶׁנֶּאֱמַר: וְאֶת־הַמַּטֶּה הַזֶּה תִּקַּח בְּיָדֶךָ. אֲשֶׁר תַּעֲשֶׂה־בּוֹ אֶת־הָאֹתֹת:

וּבְמֹפְתִים. זֶה הַדָּם. כְּמָה שֶׁנֶּאֱמַר: וְנָתַתִּי מוֹפְתִים, בַּשָּׁמַיִם וּבָאָרֶץ

Spill three drops of wine, one for each of the disasters:

דָּם. וָאֵשׁ. וְתִימְרוֹת עָשָׁן:

דָּבָר אַחֵר. בְּיָד חֲזָקָה שְׁתַּיִם. וּבִזְרֹעַ נְטוּיָה שְׁתַּיִם. וּבְמֹרָא גָּדוֹל שְׁתַּיִם. וּבְאֹתוֹת שְׁתַּיִם. וּבְמֹפְתִים שְׁתַּיִם: אֵלּוּ עֶשֶׂר מַכּוֹת שֶׁהֵבִיא הַקָּדוֹשׁ בָּרוּךְ הוּא עַל־הַמִּצְרִים בְּמִצְרַיִם, וְאֵלּוּ הֵן:

"And saw our affliction" — this means the enforced separation of husbands and wives, as it is written: "And God saw the children of Israel, and God understood their plight."

"Our travail" — this recalls the drowning of the male children, as it is written: "Every son that is born you shall cast into the river, but every daughter you may keep alive."

"And our oppression" — this refers to the persecution, as it is written: "And I have also seen the oppression with which the Egyptians oppress them."

"And the Lord brought us forth from Egypt with a strong hand, and with an outstretched arm, and with great terror, and with signs and wonders."

"And the Lord brought us forth from Egypt" — not by a ministering angel, not by a fiery angel, and not by a messenger, but by Himself, in His glory, did the Holy One, blessed be He, do so, as it is written: "And I will pass through the land of Egypt on that night, and I will smite all the first-born in the land of Egypt, both man and beast, and against all the gods of Egypt I will execute judgment. I am the Lord."

"And I will pass through the land of Egypt on that night" — I, and not a ministering angel; "and I will smite all the first-born in the land of Egypt" — I, and not a fiery angel; "and against all the gods of Egypt I will execute judgment" — I, and not a messenger; "I am the Lord" — It is I, and no other.

"With a strong hand" — this refers to the pestilence, as it is written: "The hand of the Lord will strike your livestock in the field — the horses, donkeys and camels, the oxen and the sheep — with a very severe pestilence."

1   וַיַּרְא אֶת־עָנְיֵנוּ: זוֹ פְּרִישׁוּת דֶּרֶךְ אֶרֶץ. כְּמָה שֶׁנֶּאֱמַר:

2   וַיַּרְא אֱלֹהִים אֶת־בְּנֵי יִשְׂרָאֵל. וַיֵּדַע אֱלֹהִים:

3   וְאֶת־עֲמָלֵנוּ. אֵלּוּ הַבָּנִים. כְּמָה שֶׁנֶּאֱמַר: כָּל־הַבֵּן הַיִּלּוֹד

4   הַיְאֹרָה תַּשְׁלִיכֻהוּ, וְכָל־הַבַּת תְּחַיּוּן:

5   וְאֶת־לַחֲצֵנוּ. זֶה הַדְּחַק. כְּמָה שֶׁנֶּאֱמַר: וְגַם־רָאִיתִי אֶת־

6   הַלַּחַץ, אֲשֶׁר מִצְרַיִם לֹחֲצִים אֹתָם:

7   וַיּוֹצִאֵנוּ יְיָ מִמִּצְרַיִם, בְּיָד חֲזָקָה, וּבִזְרֹעַ נְטוּיָה, וּבְמֹרָא

    גָּדֹל וּבְאֹתוֹת וּבְמֹפְתִים:

8   וַיּוֹצִאֵנוּ יְיָ מִמִּצְרַיִם. לֹא עַל־יְדֵי מַלְאָךְ, וְלֹא עַל־יְדֵי

9   שָׂרָף. וְלֹא עַל־יְדֵי שָׁלִיחַ. אֶלָּא הַקָּדוֹשׁ בָּרוּךְ הוּא בִּכְבוֹדוֹ

10   וּבְעַצְמוֹ. שֶׁנֶּאֱמַר: וְעָבַרְתִּי בְאֶרֶץ מִצְרַיִם בַּלַּיְלָה הַזֶּה, וְהִכֵּיתִי

11   כָל־בְּכוֹר בְּאֶרֶץ מִצְרַיִם, מֵאָדָם וְעַד בְּהֵמָה, וּבְכָל־אֱלֹהֵי

12   מִצְרַיִם אֶעֱשֶׂה שְׁפָטִים אֲנִי יְיָ:

13   וְעָבַרְתִּי בְאֶרֶץ־מִצְרַיִם בַּלַּיְלָה הַזֶּה, אֲנִי וְלֹא מַלְאָךְ.

14   וְהִכֵּיתִי כָל־בְּכוֹר בְּאֶרֶץ־מִצְרַיִם. אֲנִי וְלֹא שָׂרָף. וּבְכָל־אֱלֹהֵי

15   מִצְרַיִם אֶעֱשֶׂה שְׁפָטִים, אֲנִי וְלֹא הַשָּׁלִיחַ. אֲנִי יְיָ. אֲנִי הוּא וְלֹא

16   אַחֵר:

17   בְּיָד חֲזָקָה. זוֹ הַדֶּבֶר. כְּמָה שֶׁנֶּאֱמַר: הִנֵּה יַד־יְיָ הוֹיָה,

18   בְּמִקְנְךָ אֲשֶׁר בַּשָּׂדֶה, בַּסּוּסִים, בַּחֲמֹרִים בַּגְּמַלִּים, בַּבָּקָר וּבַצֹּאן,

19   דֶּבֶר כָּבֵד מְאֹד:

"And numerous" — as it is written: "I made you abundant as the growth of the field; and you multiplied and grew tall and beautiful. You were fully grown, but you remained naked and bare."

"And the Egyptians did evil unto us and tormented us, and set upon us hard labor."

"And the Egyptians did evil unto us" — as it is written: "Come, let us deal craftily with them, lest they multiply, and if war breaks out they will join our enemies, and fight against us, and go up out of the land."

"And tormented us" — as it is written: "And they set taskmasters over them in order to oppress them with their burdens; and they built Pithom and Raamses as store-cities for Pharaoh."

"And set upon us hard labor" — as it is written: "And the Egyptians enslaved the children of Israel with cruelty."

"And we cried unto the Lord, the God of our ancestors, and the Lord heard our voice, and saw our affliction, our travail, and our oppression."

"And we cried unto the Lord, the God of our ancestors" — as it is written: "In the course of many days the king of Egypt died, and the children of Israel groaned under their slavery and cried out; and their outcry from their slavery came up to God."

"And the Lord heard our voice" — as it is written: "And God heard their moaning and remembered His covenant with Abraham, Isaac and Jacob."

1 וָרֵב. כְּמָה שֶׁנֶּאֱמַר: רְבָבָה כְּצֶמַח הַשָּׂדֶה נְתַתִּיךְ, וַתִּרְבִּי,

2 וַתִּגְדְּלִי, וַתָּבֹאִי בַּעֲדִי עֲדָיִים: שָׁדַיִם נָכֹנוּ, וּשְׂעָרֵךְ צִמֵּחַ, וְאַתְּ

3 עֵרֹם וְעֶרְיָה:

4 וַיָּרֵעוּ אֹתָנוּ הַמִּצְרִים וַיְעַנּוּנוּ. וַיִּתְּנוּ עָלֵינוּ עֲבֹדָה קָשָׁה:

5 וַיָּרֵעוּ אֹתָנוּ הַמִּצְרִים. כְּמָה שֶׁנֶּאֱמַר: הָבָה נִתְחַכְּמָה לוֹ. פֶּן

6 יִרְבֶּה, וְהָיָה כִּי־תִקְרֶאנָה מִלְחָמָה, וְנוֹסַף גַּם־הוּא עַל־שֹׂנְאֵינוּ,

7 וְנִלְחַם־בָּנוּ וְעָלָה מִן־הָאָרֶץ:

8 וַיְעַנּוּנוּ. כְּמָה שֶׁנֶּאֱמַר: וַיָּשִׂימוּ עָלָיו שָׂרֵי מִסִּים, לְמַעַן

9 עַנֹּתוֹ בְּסִבְלֹתָם: וַיִּבֶן עָרֵי מִסְכְּנוֹת לְפַרְעֹה, אֶת־פִּתֹם וְאֶת־

10 רַעַמְסֵס: וַיִּתְּנוּ עָלֵינוּ עֲבֹדָה קָשָׁה. כְּמָה שֶׁנֶּאֱמַר: וַיַּעֲבִדוּ

11 מִצְרַיִם אֶת־בְּנֵי יִשְׂרָאֵל בְּפָרֶךְ:

12 וַנִּצְעַק אֶל־יְיָ אֱלֹהֵי אֲבֹתֵינוּ, וַיִּשְׁמַע יְיָ אֶת־קֹלֵנוּ, וַיַּרְא

13 אֶת־עָנְיֵנוּ, וְאֶת־עֲמָלֵנוּ, וְאֶת־לַחֲצֵנוּ:

14 וַנִּצְעַק אֶל־יְיָ אֱלֹהֵי אֲבֹתֵינוּ. כְּמָה שֶׁנֶּאֱמַר: וַיְהִי בַיָּמִים

15 הָרַבִּים הָהֵם, וַיָּמָת מֶלֶךְ מִצְרַיִם, וַיֵּאָנְחוּ בְנֵי־יִשְׂרָאֵל מִן

16 הָעֲבֹדָה וַיִּזְעָקוּ. וַתַּעַל שַׁוְעָתָם אֶל־הָאֱלֹהִים מִן־הָעֲבֹדָה:

17 וַיִּשְׁמַע יְיָ אֶת־קֹלֵנוּ. כְּמָה שֶׁנֶּאֱמַר: וַיִּשְׁמַע אֱלֹהִים אֶת־

18 נַאֲקָתָם. וַיִּזְכֹּר אֱלֹהִים אֶת־בְּרִיתוֹ, אֶת־אַבְרָהָם, אֶת־יִצְחָק,

19 וְאֶת־יַעֲקֹב:

Cover the Matzah, *raise the cup of wine, and say:*

This is the promise that has sustained our ancestors and us. For it was not one enemy alone who rose up against us to destroy us; in every generation there are those who rise up against us and seek to destroy us. But the Holy One, blessed be He, saves us from their hands.

Put down the cup, uncover the Matzah, *and continue:*

Consider what Laban the Aramean attempted to do to our father Jacob. While Pharaoh decreed only against the males, Laban attempted to uproot all, as it is written: "An Aramean sought to destroy my father; and he went down to Egypt and sojourned there, few in number. There he became a nation, great, mighty and numerous."

"He went down to Egypt" — compelled by God's decree.

"And sojourned there." This means that Jacob our father did not go down to Egypt to settle there, but only to stay for a short time, as it is written, "And they said to Pharaoh, 'We have come to sojourn in the land because there is no pasture for the flocks of your servants, for the famine is severe in the land of Canaan; and now let your servants dwell in the land of Goshen.' "

"Few in number" — as it is written: "With seventy souls your ancestors went down into Egypt, and now the Lord your God has made you as numerous as the stars of the heavens."

"There he became a nation" — from this we learn that Israel became a distinct nation in Egypt.

"Great, mighty" — as it is written: "And the children of Israel were fruitful and increased and multiplied and became very strong and mighty, and the land was filled with them."

Cover the Matzah, *raise the cup of wine, and say:*

1 וְהִיא שֶׁעָמְדָה לַאֲבוֹתֵינוּ וְלָנוּ. שֶׁלֹּא אֶחָד בִּלְבָד, עָמַד

2 עָלֵינוּ לְכַלּוֹתֵנוּ. אֶלָּא שֶׁבְּכָל דּוֹר וָדוֹר, עוֹמְדִים עָלֵינוּ

3 לְכַלּוֹתֵנוּ. וְהַקָּדוֹשׁ בָּרוּךְ הוּא מַצִּילֵנוּ מִיָּדָם:

Put down the cup, uncover the Matzah, *and continue:*

4 צֵא וּלְמַד, מַה בִּקֵּשׁ לָבָן הָאֲרַמִּי לַעֲשׂוֹת לְיַעֲקֹב אָבִינוּ.

5 שֶׁפַּרְעֹה לֹא גָזַר אֶלָּא עַל הַזְּכָרִים, וְלָבָן בִּקֵּשׁ לַעֲקֹר אֶת-הַכֹּל.

6 שֶׁנֶּאֱמַר: אֲרַמִּי אֹבֵד אָבִי, וַיֵּרֶד מִצְרַיְמָה, וַיָּגָר שָׁם בִּמְתֵי מְעָט.

7 וַיְהִי שָׁם לְגוֹי גָּדוֹל, עָצוּם וָרָב:

8 וַיֵּרֶד מִצְרַיְמָה, אָנוּס עַל פִּי הַדִּבּוּר. וַיָּגָר שָׁם. מְלַמֵּד

9 שֶׁלֹּא יָרַד יַעֲקֹב אָבִינוּ לְהִשְׁתַּקֵּעַ בְּמִצְרַיִם, אֶלָּא לָגוּר שָׁם,

10 שֶׁנֶּאֱמַר: וַיֹּאמְרוּ, אֶל-פַּרְעֹה, לָגוּר בָּאָרֶץ בָּאנוּ, כִּי-אֵין מִרְעֶה

11 לַצֹּאן אֲשֶׁר לַעֲבָדֶיךָ, כִּי-כָבֵד הָרָעָב בְּאֶרֶץ כְּנָעַן. וְעַתָּה,

12 יֵשְׁבוּ-נָא עֲבָדֶיךָ בְּאֶרֶץ גֹּשֶׁן:

13 בִּמְתֵי מְעָט. כְּמָה שֶׁנֶּאֱמַר: בְּשִׁבְעִים נֶפֶשׁ, יָרְדוּ אֲבֹתֶיךָ

14 מִצְרַיְמָה. וְעַתָּה, שָׂמְךָ יְיָ אֱלֹהֶיךָ, כְּכוֹכְבֵי הַשָּׁמַיִם לָרֹב.

15 וַיְהִי שָׁם לְגוֹי. מְלַמֵּד שֶׁהָיוּ יִשְׂרָאֵל מְצֻיָּנִים שָׁם:

16 גָּדוֹל עָצוּם, כְּמָה שֶׁנֶּאֱמַר: וּבְנֵי יִשְׂרָאֵל, פָּרוּ וַיִּשְׁרְצוּ,

17 וַיִּרְבּוּ וַיַּעַצְמוּ, בִּמְאֹד מְאֹד. וַתִּמָּלֵא הָאָרֶץ אֹתָם:

The simple child asks: "What is this about?" To him you shall say: "With a strong hand the Lord brought us forth from Egypt, from the house of bondage."

As for the child who does not even know how to ask, you must begin for him, as it is written, "And you shall tell your child on that day, 'This is done because of what the Lord did for me when I came forth from Egypt.'"

One might suppose that the *Seder* ceremony should be performed at the beginning of the month of Nisan. Scripture therefore says, "on that day" — on Passover. Saying "on that day," one might infer that the *Seder* should be conducted during the daytime. Scripture therefore adds, "This is done because of," etc. — from which we learn that the ceremony does not begin until the time when the *Matzah* and bitter herbs are set before you — on Passover night.

In earliest times our ancestors were worshippers of idols, but now God has drawn us to His service, as it is written: "And Joshua said to all the people, 'Thus said the Lord, God of Israel: In days of old your ancestors lived beyond the river; that is, Terah, the father of Abraham and Nahor, and they worshipped other gods. And I took your father, Abraham, from beyond the river and I led him through the whole land of Canaan. And I increased his family, and I gave him Isaac. And I gave Isaac Jacob and Esau. To Esau I gave Mount Seir as a possession, while Jacob and his children went down to Egypt.'"

Blessed be He Who keeps His promise to Israel, blessed be He. For the Holy One, blessed be He, foretold the end of the bondage to Abraham at the Covenant of Sacrifices, as it is written: "And He said to Abram, 'Know you that your descendants will be strangers in a land not their own, where they will be enslaved and oppressed four hundred years. But I will exercise judgment against the nation they will serve. Afterward they will go forth with great wealth.'"

1   תָּם מַה הוּא אוֹמֵר. מַה זֹּאת. וְאָמַרְתָּ אֵלָיו: בְּחֹזֶק יָד

2 הוֹצִיאָנוּ יְיָ מִמִּצְרַיִם מִבֵּית עֲבָדִים:

3   וְשֶׁאֵינוֹ יוֹדֵעַ לִשְׁאוֹל, אַתְּ פְּתַח לוֹ. שֶׁנֶּאֱמַר: וְהִגַּדְתָּ לְבִנְךָ,

4 בַּיּוֹם הַהוּא לֵאמֹר: בַּעֲבוּר זֶה עָשָׂה יְיָ לִי, בְּצֵאתִי מִמִּצְרָיִם:

5   יָכוֹל מֵרֹאשׁ חֹדֶשׁ, תַּלְמוּד לוֹמַר בַּיּוֹם הַהוּא. אִי בַּיּוֹם

6 הַהוּא. יָכוֹל מִבְּעוֹד יוֹם. תַּלְמוּד לוֹמַר. בַּעֲבוּר זֶה. בַּעֲבוּר

7 זֶה לֹא אָמַרְתִּי, אֶלָּא בְּשָׁעָה שֶׁיֵּשׁ מַצָּה וּמָרוֹר מֻנָּחִים לְפָנֶיךָ:

8   מִתְּחִלָּה עוֹבְדֵי כוֹכָבִים הָיוּ אֲבוֹתֵינוּ. וְעַכְשָׁו קֵרְבָנוּ הַמָּקוֹם

9 לַעֲבוֹדָתוֹ. שֶׁנֶּאֱמַר: וַיֹּאמֶר יְהוֹשֻׁעַ אֶל־כָּל־הָעָם. כֹּה אָמַר יְיָ

10 אֱלֹהֵי יִשְׂרָאֵל, בְּעֵבֶר הַנָּהָר יָשְׁבוּ אֲבוֹתֵיכֶם מֵעוֹלָם, תֶּרַח

11 אֲבִי אַבְרָהָם וַאֲבִי נָחוֹר. וַיַּעַבְדוּ אֱלֹהִים אֲחֵרִים: וָאֶקַּח אֶת־

12 אֲבִיכֶם אֶת־אַבְרָהָם מֵעֵבֶר הַנָּהָר, וָאוֹלֵךְ אוֹתוֹ בְּכָל־אֶרֶץ

13 כְּנָעַן. וָאַרְבֶּה אֶת־זַרְעוֹ, וָאֶתֶּן לוֹ אֶת־יִצְחָק: וָאֶתֵּן לְיִצְחָק אֶת־

14 יַעֲקֹב וְאֶת־עֵשָׂו. וָאֶתֵּן לְעֵשָׂו אֶת־הַר שֵׂעִיר, לָרֶשֶׁת אֹתוֹ. וְיַעֲקֹב

15 וּבָנָיו יָרְדוּ מִצְרָיִם:

16   בָּרוּךְ שׁוֹמֵר הַבְטָחָתוֹ לְיִשְׂרָאֵל. בָּרוּךְ הוּא. שֶׁהַקָּדוֹשׁ

17 בָּרוּךְ הוּא חִשַּׁב אֶת־הַקֵּץ, לַעֲשׂוֹת כְּמָה שֶׁאָמַר לְאַבְרָהָם

18 אָבִינוּ בִּבְרִית בֵּין הַבְּתָרִים. שֶׁנֶּאֱמַר: וַיֹּאמֶר לְאַבְרָם יָדֹעַ

19 תֵּדַע, כִּי־גֵר יִהְיֶה זַרְעֲךָ, בְּאֶרֶץ לֹא לָהֶם, וַעֲבָדוּם וְעִנּוּ אֹתָם

20 אַרְבַּע מֵאוֹת שָׁנָה: וְגַם אֶת־הַגּוֹי אֲשֶׁר יַעֲבֹדוּ דָּן אָנֹכִי. וְאַחֲרֵי

21 כֵן יֵצְאוּ, בִּרְכֻשׁ גָּדוֹל:

night in Bnai Brak telling the story of the Exodus from Egypt. Towards morning, their students came to tell them that it was time for the morning prayers.

Rabbi Elazar the son of Azariah said: I am near seventy years of age, and could not understand why the Exodus from Egypt should be recounted in the evening service, until Ben Zoma explained it. The Bible says "That you may remember the day of your going forth from Egypt all the days of your life." Ben Zoma explained: The *days of your life* would mean only the days; *all the days of your life* includes the nights also. The Sages say: The *days of your life* refers to the contemporary world; *all the days of your life* includes also the Days of the Messiah.

Blessed is God, blessed be He, Who gave the Torah to His people Israel. Blessed be He. The Torah speaks of four types of children: one who is wise and one who is contrary; one who is simple and one who does not even know how to ask a question.

The wise child asks: "What is the meaning of the laws, statutes and customs which the Lord our God has commanded us?" And you shall explain to him all the laws of Passover, to the very last detail about the *Afikoman.*

The contrary child asks: "What is the meaning of this ceremony to you?" Saying *to you*, he excludes himself from the group, and thus denies a basic principle of our faith. You may therefore set his teeth on edge and say to him: "This is done because of what the Lord did for me when I came forth from Egypt." For *me* and not for *him;* had he been there, he would not have been redeemed.

1 וְהָיוּ מְסַפְּרִים בִּיצִיאַת מִצְרַיִם, כָּל־אוֹתוֹ הַלַּיְלָה, עַד שֶׁבָּאוּ

2 תַלְמִידֵיהֶם וְאָמְרוּ לָהֶם: רַבּוֹתֵינוּ, הִגִּיעַ זְמַן קְרִיאַת שְׁמַע,

3 שֶׁל שַׁחֲרִית:

4 אָמַר רַבִּי אֶלְעָזָר בֶּן־עֲזַרְיָה. הֲרֵי אֲנִי כְּבֶן שִׁבְעִים שָׁנָה,

5 וְלֹא זָכִיתִי, שֶׁתֵּאָמֵר יְצִיאַת מִצְרַיִם בַּלֵּילוֹת. עַד שֶׁדְּרָשָׁהּ

6 בֶּן זוֹמָא. שֶׁנֶּאֱמַר: לְמַעַן תִּזְכֹּר, אֶת יוֹם צֵאתְךָ מֵאֶרֶץ מִצְרַיִם,

7 כֹּל יְמֵי חַיֶּיךָ. יְמֵי חַיֶּיךָ הַיָּמִים. כֹּל יְמֵי חַיֶּיךָ הַלֵּילוֹת. וַחֲכָמִים

8 אוֹמְרִים: יְמֵי חַיֶּיךָ הָעוֹלָם הַזֶּה. כֹּל יְמֵי חַיֶּיךָ לְהָבִיא לִימוֹת

9 הַמָּשִׁיחַ:

10 בָּרוּךְ הַמָּקוֹם. בָּרוּךְ הוּא. בָּרוּךְ שֶׁנָּתַן תּוֹרָה לְעַמּוֹ

11 יִשְׂרָאֵל. בָּרוּךְ הוּא. כְּנֶגֶד אַרְבָּעָה בָנִים דִּבְּרָה תוֹרָה. אֶחָד

12 חָכָם, וְאֶחָד רָשָׁע, וְאֶחָד תָּם, וְאֶחָד שֶׁאֵינוֹ יוֹדֵעַ לִשְׁאוֹל:

13 חָכָם מַה הוּא אוֹמֵר. מָה הָעֵדֹת וְהַחֻקִּים וְהַמִּשְׁפָּטִים,

14 אֲשֶׁר צִוָּה יְיָ אֱלֹהֵינוּ אֶתְכֶם. וְאַף אַתָּה אֱמָר־לוֹ כְּהִלְכוֹת

15 הַפֶּסַח: אֵין מַפְטִירִין אַחַר הַפֶּסַח אֲפִיקוֹמָן:

16 רָשָׁע מַה הוּא אוֹמֵר. מָה הָעֲבֹדָה הַזֹּאת לָכֶם. לָכֶם

17 וְלֹא לוֹ. וּלְפִי שֶׁהוֹצִיא אֶת־עַצְמוֹ מִן הַכְּלָל, כָּפַר בָּעִקָּר.

18 וְאַף אַתָּה הַקְהֵה אֶת־שִׁנָּיו, וֶאֱמָר־לוֹ: בַּעֲבוּר זֶה, עָשָׂה יְיָ לִי,

19 בְּצֵאתִי מִמִּצְרַיִם, לִי וְלֹא־לוֹ. אִלּוּ הָיָה שָׁם, לֹא הָיָה נִגְאָל:

3) On all other nights we are not bidden to dip our vegetables even once; on this night we dip them twice.

4) On all other nights we eat our meals in any manner; on this night, why do we sit around the table together in a ceremonial fashion?

Uncover the Matzah *and begin the reply.*
THE ANSWER

"We were slaves of Pharaoh in Egypt," and the Lord our God brought us forth from there "with a strong hand and an outstretched arm." If the Holy One, blessed be He, had not brought forth our ancestors from Egypt, then we and our children, and our children's children, would still be enslaved to Pharaoh in Egypt. Therefore, even if we are all learned and wise, all elders and fully versed in the Torah, it is our duty nonetheless to retell the story of the Exodus from Egypt. And the more one dwells on the Exodus from Egypt, the more is one to be praised.

It is told that Rabbi Eliezer, Rabbi Joshua, Rabbi Elazar the son of Azariah, Rabbi Akiba and Rabbi Tarfon sat all

1 (3 שֶׁבְּכָל הַלֵּילוֹת אֵין אָנוּ

2 מַטְבִּילִין אֲפִילוּ פַּעַם אֶחָת. הַלַּיְלָה

3 הַזֶּה שְׁתֵּי פְעָמִים:

4 (4 שֶׁבְּכָל הַלֵּילוֹת אָנוּ אוֹכְלִין

5 בֵּין יוֹשְׁבִין וּבֵין מְסֻבִּין.

6 הַלַּיְלָה הַזֶּה כֻּלָּנוּ מְסֻבִּין:

Uncover the Matzah *and begin the reply.*

THE ANSWER

7 עֲבָדִים הָיִינוּ לְפַרְעֹה בְּמִצְרָיִם. וַיּוֹצִיאֵנוּ יְיָ אֱלֹהֵינוּ מִשָּׁם,

8 בְּיָד חֲזָקָה וּבִזְרוֹעַ נְטוּיָה, וְאִלּוּ לֹא הוֹצִיא הַקָּדוֹשׁ בָּרוּךְ הוּא

9 אֶת־אֲבוֹתֵינוּ מִמִּצְרַיִם, הֲרֵי אָנוּ וּבָנֵינוּ וּבְנֵי בָנֵינוּ, מְשֻׁעְבָּדִים

10 הָיִינוּ לְפַרְעֹה בְּמִצְרָיִם. וַאֲפִילוּ כֻּלָּנוּ חֲכָמִים, כֻּלָּנוּ נְבוֹנִים,

11 כֻּלָּנוּ זְקֵנִים, כֻּלָּנוּ יוֹדְעִים אֶת־הַתּוֹרָה, מִצְוָה עָלֵינוּ לְסַפֵּר

12 בִּיצִיאַת מִצְרָיִם. וְכָל־הַמַּרְבֶּה לְסַפֵּר בִּיצִיאַת מִצְרַיִם, הֲרֵי

13 זֶה מְשֻׁבָּח:

14 מַעֲשֶׂה בְּרַבִּי אֱלִיעֶזֶר, וְרַבִּי יְהוֹשֻׁעַ, וְרַבִּי אֶלְעָזָר בֶּן

15 עֲזַרְיָה, וְרַבִּי עֲקִיבָא, וְרַבִּי טַרְפוֹן, שֶׁהָיוּ מְסֻבִּין בִּבְנֵי־בְרַק,

BREAKING THE MIDDLE *MATZAH*

The Leader of the Seder *breaks the middle* Matzah *in the plate, and leaving half of it there, puts aside the other half until after the meal, for the* Afikoman.

THE PASSOVER STORY

Uncover the Matzah *and lift the plate for all to see. The recital of the Passover Story begins with the following words:*

This is the bread of affliction which our ancestors ate in the land of Egypt. All who are hungry — let them come and eat. All who are needy — let them come and celebrate the Passover with us. Now we are here; next year may we be in the Land of Israel. Now we are slaves; next year may we be free.

The plate is put down, the Matzah *is covered, and the second cup of wine is filled. The youngest present asks the Four Questions.*

THE FOUR QUESTIONS

How different is this night from all other nights!

1) On all other nights we may eat either leavened or un-leavened bread; on this night, only unleavened bread.

2) On all other nights we may eat any vegetable; on this night we are required to eat bitter herbs.

4. יַחַץ. BREAKING THE MIDDLE *MATZAH*

The Leader of the Seder breaks the middle Matzah in the plate, and leaving half of it there, puts aside the other half until after the meal, for the Afikoman.

5. מַגִּיד. THE PASSOVER STORY

Uncover the Matzah and lift the plate for all to see. The recital of the Passover Story begins with the following words:

1 הָא לַחְמָא עַנְיָא דִּי אֲכָלוּ אַבְהָתָנָא בְּאַרְעָא דְמִצְרָיִם.

2 כָּל דִּכְפִין יֵיתֵי וְיֵכֻל, כָּל דִּצְרִיךְ יֵיתֵי וְיִפְסַח. הַשַּׁתָּא הָכָא,

3 לְשָׁנָה הַבָּאָה בְּאַרְעָא דְיִשְׂרָאֵל. הַשַּׁתָּא עַבְדֵי, לְשָׁנָה הַבָּאָה

4 בְּנֵי חוֹרִין:

The plate is put down, the Matzah is covered, and the second cup of wine is filled. The youngest present asks the Four Questions.

THE FOUR QUESTIONS

5 מַה נִּשְׁתַּנָּה הַלַּיְלָה הַזֶּה מִכָּל

6 הַלֵּילוֹת:

7 (1 שֶׁבְּכָל הַלֵּילוֹת אָנוּ אוֹכְלִין

8 חָמֵץ וּמַצָּה. הַלַּיְלָה הַזֶּה כֻּלּוֹ מַצָּה:

9 (2 שֶׁבְּכָל הַלֵּילוֹת אָנוּ אוֹכְלִין

10 שְׁאָר יְרָקוֹת הַלַּיְלָה הַזֶּה מָרוֹר:

If the festival falls on Saturday night, add the following:

Blessed are You, Lord our God, Ruler of the universe, Creator of the light of fire.

Blessed are You, Lord our God, Ruler of the universe, Who makes a distinction between the holy and the everyday, between light and darkness, between Israel and the other nations, between the seventh day and the six days of labor. You have made a distinction between the holiness of the Sabbath and the holiness of the festivals, and have made the seventh day holier than the six days of labor. You have distinguished and sanctified Your people Israel with Your holiness. Blessed are You, O Lord, Who makes a distinction between the holiness of the Sabbath and the holiness of the festivals.

Recite Shehecheyanu *(the blessing, "Who has kept us in life") here if the festival is not on Saturday night.*

Blessed are You, Lord our God, Ruler of the universe, Who has kept us in life, and sustained us, and enabled us to reach this festive season.

Reclining on the left side, drink the first cup of wine.

WASHING THE HANDS

Wash your hands, but do not say the blessing.

EATING A GREEN VEGETABLE

The Leader of the Seder *takes some parsley, or any other vegetable, and dips it into the salt water or vinegar; and when it is distributed to everyone at the table, they say the following blessing before they eat it.*

Blessed are You, Lord our God, Ruler of the universe, Creator of the fruit of the earth.

If the festival falls on Saturday night, add the following:

בָּרוּךְ אַתָּה יְיָ, אֱלֹהֵינוּ מֶלֶךְ
הָעוֹלָם, בּוֹרֵא מְאוֹרֵי הָאֵשׁ:

בָּרוּךְ אַתָּה יְיָ, אֱלֹהֵינוּ מֶלֶךְ הָעוֹלָם, הַמַּבְדִּיל
בֵּין קֹדֶשׁ לְחֹל בֵּין אוֹר לְחֹשֶׁךְ, בֵּין יִשְׂרָאֵל לָעַמִּים,
בֵּין יוֹם הַשְּׁבִיעִי לְשֵׁשֶׁת יְמֵי הַמַּעֲשֶׂה. בֵּין קְדֻשַּׁת שַׁבָּת לִקְדֻשַּׁת
יוֹם טוֹב הִבְדַּלְתָּ. וְאֶת־יוֹם הַשְּׁבִיעִי מִשֵּׁשֶׁת יְמֵי הַמַּעֲשֶׂה קִדַּשְׁתָּ.
הִבְדַּלְתָּ וְקִדַּשְׁתָּ אֶת־עַמְּךָ יִשְׂרָאֵל בִּקְדֻשָּׁתֶךָ. בָּרוּךְ אַתָּה יְיָ,
הַמַּבְדִּיל בֵּין קֹדֶשׁ לְקֹדֶשׁ:

Recite Shehecheyanu *(the blessing, "Who has kept us in life") here if the festival is not on Saturday night.*

בָּרוּךְ אַתָּה יְיָ, אֱלֹהֵינוּ מֶלֶךְ
הָעוֹלָם, שֶׁהֶחֱיָנוּ וְקִיְּמָנוּ וְהִגִּיעָנוּ לַזְּמַן
הַזֶּה:

Reclining on the left side, drink the first cup of wine.

וּרְחַץ .2 WASHING THE HANDS

Wash your hands, but do not say the blessing.

כַּרְפַּס .3 EATING A GREEN VEGETABLE

The Leader of the Seder takes some parsley, or any other vegetable, and dips it into the salt water or vinegar; and when it is distributed to everyone at the table, they say the following blessing before they eat it.

בָּרוּךְ אַתָּה יְיָ, אֱלֹהֵינוּ מֶלֶךְ הָעוֹלָם, בּוֹרֵא פְּרִי הָאֲדָמָה:

You have given us, O Lord our God, with love [Sabbaths for rest and] festivals for happiness, holidays and seasons for rejoicing; as this day [of Sabbath, and this day] of the Festival of Passover, the season of our freedom, [with love] a holy assembly, in remembrance of the Exodus from Egypt. For You have chosen us from all peoples and sanctified us with [the Sabbath and] Your holy festivals [with love and favor] in joy and in happiness. Blessed are You, O Lord, Who sanctifies [the Sabbath and] Israel and the festive seasons.

Recite Shehecheyanu *(the blessing, "Who has kept us in life") here if the festival is not on Saturday night. (See next page.)*

1. עָם, וְרוֹמְמָנוּ מִכָּל־לָשׁוֹן, וְקִדְּשָׁנוּ
2. בְּמִצְוֹתָיו, וַתִּתֶּן־לָנוּ יְיָ אֱלֹהֵינוּ
3. בְּאַהֲבָה (לשבת שַׁבָּתוֹת לִמְנוּחָה וּ)מוֹעֲדִים
4. לְשִׂמְחָה, חַגִּים וּזְמַנִּים לְשָׂשׂוֹן אֶת־
5. יוֹם (לשבת הַשַּׁבָּת הַזֶּה, וְאֶת־יוֹם)חַג הַמַּצּוֹת
6. הַזֶּה. זְמַן חֵרוּתֵנוּ, (לשבת בְּאַהֲבָה,) מִקְרָא
7. קֹדֶשׁ, זֵכֶר לִיצִיאַת מִצְרָיִם. כִּי
8. בָנוּ בָחַרְתָּ וְאוֹתָנוּ קִדַּשְׁתָּ מִכָּל־
9. הָעַמִּים. (לשבת וְשַׁבָּת) וּמוֹעֲדֵי קָדְשֶׁךָ
10. (לשבת בְּאַהֲבָה וּבְרָצוֹן) בְּשִׂמְחָה וּבְשָׂשׂוֹן
11. הִנְחַלְתָּנוּ: בָּרוּךְ אַתָּה יְיָ, מְקַדֵּשׁ
12. (לשבת הַשַּׁבָּת וְ)יִשְׂרָאֵל וְהַזְּמַנִּים:

Recite Shehecheyanu *(the blessing, "Who has kept us in life") here if the festival is not on Saturday night. (See next page.)*

RECITATION OF THE KIDDUSH

Every one at the table has a glass or cup of wine

THE FIRST CUP

If the festival is on Friday night, the following is added:

And it was evening and it was morning. The sixth day. The heavens, the earth, and all their hosts were finished. And God declared complete on the seventh day the work which He had done. And He rested on the seventh day from all His work which He had done. And God blessed the seventh day and made it holy, because on that day He rested from all His work which He had created.

If the festival is on another night of the week, begin here: (On the Sabbath, add words in parentheses.)

Blessed are You, Lord our God, Ruler of the universe, Creator of the fruit of the vine.

Blessed are You, Lord our God, Ruler of the universe, Who has chosen us from all peoples, and exalted us above all nations, and sanctified us with His commandments.

1. קַדֵּשׁ. RECITATION OF THE KIDDUSH

Every one at the table has a glass or cup of wine

 קידוש של פסח.

THE FIRST CUP

1 הִנְנִי מוּכָן וּמְזֻמָּן לְקַיֵּם מִצְוַת כּוֹס רִאשׁוֹנָה מֵאַרְבַּע כּוֹסוֹת לְשֵׁם יְחוּד

2 קוּדְשָׁא בְּרִיךְ הוּא וּשְׁכִינְתֵּיהּ עַל יְדֵי הַהוּא טָמִיר וְנֶעְלָם בְּשֵׁם כָּל־יִשְׂרָאֵל.

If the festival is on Friday night, the following is added:

וַיְהִי עֶרֶב וַיְהִי בֹקֶר

3 יוֹם הַשִּׁשִּׁי, וַיְכֻלּוּ הַשָּׁמַיִם וְהָאָרֶץ וְכָל־צְבָאָם: וַיְכַל

4 אֱלֹהִים בַּיּוֹם הַשְּׁבִיעִי, מְלַאכְתּוֹ אֲשֶׁר עָשָׂה, וַיִּשְׁבֹּת בַּיּוֹם

5 הַשְּׁבִיעִי, מִכָּל־מְלַאכְתּוֹ אֲשֶׁר עָשָׂה: וַיְבָרֶךְ אֱלֹהִים אֶת־יוֹם

6 הַשְּׁבִיעִי, וַיְקַדֵּשׁ אֹתוֹ, כִּי בוֹ שָׁבַת מִכָּל־מְלַאכְתּוֹ, אֲשֶׁר־בָּרָא

7 אֱלֹהִים לַעֲשׂוֹת:

If the festival is on another night of the week, begin here: (On the Sabbath, add words in parentheses.)

סַבְרִי מָרָנָן וְרַבָּנָן וְרַבּוֹתַי:

8 בָּרוּךְ אַתָּה יְיָ, אֱלֹהֵינוּ מֶלֶךְ

9 הָעוֹלָם, בּוֹרֵא פְּרִי הַגָּפֶן:

10 בָּרוּךְ אַתָּה יְיָ, אֱלֹהֵינוּ מֶלֶךְ

11 הָעוֹלָם, אֲשֶׁר בָּחַר בָּנוּ מִכָּל־

THE PREPARATION OF THE SEDER TABLE

Three plates are placed on the table; in one, put three Matzoth; in a second, a shank bone and an egg, either roasted or cooked, some horse-radish ("bitter herbs"), and a compound made of fruit, nuts and wine (Haroseth); also some parsley or celery; in a third, salt water or vinegar.

The second plate (bearing the Passover symbols) is customarily arranged according to the following illustration.

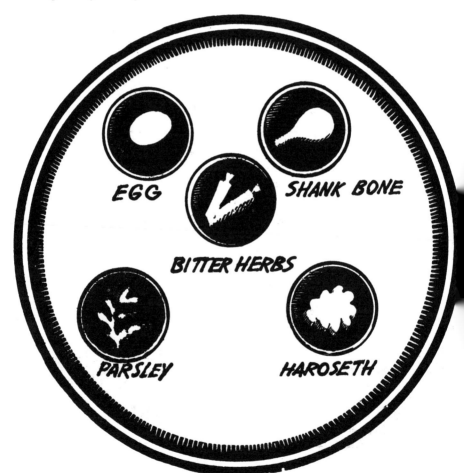

A cup of wine is provided for everyone at the table. This will be filled four times in the course of the Seder.

A special cup is filled with wine and stands prominently on the Seder table. This is called the cup of Elijah. In the course of the Seder, the door will be opened to admit the prophet Elijah.

סִימָן לְסֵדֶר שֶׁל פֶּסַח.

ORDER OF THE PASSOVER SEDER

1. קַדֵּשׁ.

Recite the Kiddush.

2. וּרְחַץ

Wash the hands.

3. כַּרְפַּס.

Eat a green vegetable.

4. יַחַץ.

Break the middle matzah and hide a half of it for the *Afikoman*.

5. מַגִּיד.

Recite the Passover story.

6. רָחְצָה.

Wash the hands before the meal.

7. מוֹצִיא מַצָּה.

Say the *Hamotzi* and the special blessing for the matzah.

8. מָרוֹר.

Eat the bitter herb.

9. כּוֹרֵךְ.

Eat the bitter herb and matzah together.

10. שֻׁלְחָן עוֹרֵךְ.

Serve the Festival meal.

11. צָפוּן.

Eat the *Afikoman*.

12. בָּרֵךְ.

Say the grace after meal.

13. הַלֵּל.

Recite the Hallel.

14. נִרְצָה.

Conclude the Seder.

THE MIXING OF FOODS

When Passover falls on Thursday and Friday, in order that it may be permissible to cook on the festival for the Sabbath (one is permitted to cook on a holiday for that day alone), the head of the household must perform the ritual of Eruv Tavshilin *(mixing of foods) before the festival, indicating that the preparation for the Sabbath was begun before the festival, hence it may be continued on the festival itself. This is done by taking some food for the Sabbath* (Matzah *and cooked fish, meat, or a boiled egg), putting these on a plate, raising it, and reciting the following prayers:*

Blessed are You, Lord our God, Ruler of the universe, Who sanctified us with His commandments, and commanded us to observe the *Eruv.*

With this *Eruv* it shall be permissible for us to bake, cook, keep food warm, light the candles, and make all necessary preparations on the festival for the Sabbath. This shall be permitted for us and for all Jews who live in this city.

LIGHTING THE FESTIVAL CANDLES

(On the Sabbath, add words in parentheses.)

בָּרוּךְ אַתָּה יְיָ, אֱלֹהֵינוּ מֶלֶךְ הָעוֹלָם, אֲשֶׁר קִדְּשָׁנוּ
בְּמִצְוֹתָיו, וְצִוָּנוּ לְהַדְלִיק נֵר שֶׁל (שַׁבָּת וְשֶׁל) יוֹם טוֹב:

Blessed are You, Lord our God, Ruler of the universe, Who sanctified us with His commandments, and commanded us to light [the Sabbath and] the festival lights.

בָּרוּךְ אַתָּה יְיָ, אֱלֹהֵינוּ מֶלֶךְ הָעוֹלָם, שֶׁהֶחֱיָנוּ וְקִיְּמָנוּ
וְהִגִּיעָנוּ לַזְּמַן הַזֶּה:

Blessed are You, Lord our God, Ruler of the universe, Who has kept us in life, and sustained us, and enabled us to reach this festive season.

THE MIXING OF FOODS ערוב תבשילין.

When Passover falls on Thursday and Friday, in order that it may be permissible to cook on the festival for the Sabbath (one is permitted to cook on a holiday for that day alone), the head of the household must perform the ritual of Eruv Tavshilin *(mixing of foods) before the festival, indicating that the preparation for the Sabbath was begun before the festival, hence it may be continued on the festival itself. This is done by taking some food for the Sabbath* (Matzah *and cooked fish, meat, or a boiled egg), putting these on a plate, raising it, and reciting the following prayers:*

בָּרוּךְ אַתָּה יְיָ, אֱלֹהֵינוּ מֶלֶךְ הָעוֹלָם, אֲשֶׁר קִדְּשָׁנוּ בְּמִצְוֹתָיו וְצִוָּנוּ עַל־מִצְוַת עֵרוּב:

בְּהָדֵין עֵרוּבָא יְהֵא שָׁרֵא לָנָא לְמֵיפָא, וּלְבַשָּׁלָא, וּלְאַצְלָיָא וּלְאַטְמָנָא וּלְאַדְלָקָא שְׁרָגָא וּלְמֶעְבַּד כָּל־צָרְכָּנָא, מִיּוֹמָא טָבָא לְשַׁבַּתָּא. לָנוּ, וּלְכָל־יִשְׂרָאֵל, הַדָּרִים בָּעִיר הַזֹּאת:

דיני הסדר בליל פסח.

THE PREPARATION OF THE SEDER *TABLE*

Three plates are placed on the table; in one, put three Matzoth; *in a second, a shank bone and an egg, either roasted or cooked, some horse-radish ("bitter herbs"), and a compound made of fruit, nuts and wine* (Haroseth)*; also some parsley or celery; in a third, salt water or vinegar.*

EGG SHANK BONE
BITTER HERBS
PARSLEY HAROSETH

SEDER PLATE

זרוע ביצה
מרור
חרוסת כרפס

PREPARING FOR PASSOVER

THE SEARCH FOR LEAVEN

On the evening before the first Seder *(if the first* Seder *falls on Saturday night, this is done on the preceding Thursday evening), after the evening service, the head of the household makes the final preparation for Passover by searching for leaven throughout the house. It is customary to place a few pieces of bread in various places, so that when the search is made, leaven is found. Otherwise, the benediction recited before the ceremony would be in vain.*

Before the ceremony of searching for leaven begins, a candle is lit with which to conduct the search, and the following prayer is recited:

Blessed are You, Lord our God, Ruler of the universe, Who sanctified us with His commandments, and commanded us to remove the leaven.

The search for leaven is conducted. After the leaven has been gathered and wrapped securely, the following is said:[2]

Any leaven in my possession, which I have not seen or removed, shall be as if it does not exist, and as the dust of the earth.

On the morning after the search, at about ten o'clock, all the leaven that has remained in the house, together with all collected during the search the previous evening, is burned. (If the first Seder *falls on Saturday night, the burning takes place on Friday before noon, and bread* [Hallah] *may still be eaten until Sabbath morning.) At the burning of the leaven (or on disposal after an early Sabbath meal when the first* Seder *falls that evening) the following is recited:*

Any leaven in my possession, which I have or have not seen, which I have or have not removed, shall be as if it does not exist, and as the dust of the earth.

בדיקת חמץ ✉

▨▨▨▨ SEARCHING FOR LEAVEN ▨▨▨▨

On the evening before the first Seder (if the first Seder falls on Saturday night, this is done on the preceding Thursday evening), after the evening service, the head of the household makes the final preparation for Passover by searching for leaven throughout the house. It is customary to place a few pieces of bread in various places, so that when the search is made, leaven is found. Otherwise, the benediction recited before the ceremony would be in vain.

Before the ceremony of searching for leaven begins, a candle is lit with which to conduct the search, and the following prayer is recited:

1 בָּרוּךְ אַתָּה יְיָ, אֱלֹהֵינוּ מֶלֶךְ הָעוֹלָם, אֲשֶׁר קִדְּשָׁנוּ

2 בְּמִצְוֹתָיו, וְצִוָּנוּ עַל בִּעוּר־חָמֵץ:

The search for leaven is conducted. After the leaven has been gathered and wrapped securely, the following is said:

3 כָּל־חֲמִירָא וַחֲמִיעָא, דְּאִכָּא בִרְשׁוּתִי, דְּלָא חֲמִיתֵה, וּדְלָא

4 בַעֲרִתֵּה, וּדְלָא יָדַעְנָא לֵהּ, לִבְטֵל וְלֶהֱוֵי הֶפְקֵר, כְּעַפְרָא

5 דְּאַרְעָא:

On the morning after the search, at about ten o'clock, all the leaven that has remained in the house, together with all collected during the search the previous evening, is burned. (If the first Seder falls on Saturday night, the burning takes place on Friday before noon, and bread [Hallah] may still be eaten until Sabbath morning.) At the burning of the leaven (or on disposal after an early Sabbath meal when the first Seder falls that evening) the following is recited:

6 כָּל־חֲמִירָא וַחֲמִיעָא, דְּאִכָּא בִרְשׁוּתִי, (דַּחֲזִיתֵהּ וּדְלָא

7 חֲזִיתֵהּ) דַּחֲמִיתֵהּ, וּדְלָא חֲמִיתֵהּ, דְּבַעֲרִתֵּהּ וּדְלָא בַעֲרִתֵּהּ,

8 לִבְטֵל וְלֶהֱוֵי הֶפְקֵר כְּעַפְרָא דְּאַרְעָא:

PASSOVER HAGGADAH

הַגָּדָה שֶׁל פֶּסַח

REVISED EDITION

**A New English Translation
and Instructions for the Seder**

by

RABBI NATHAN GOLDBERG

Ktav Publishing House, Inc.
Hoboken, N.J. 07030